Theodor Wolff

Die stille Insel

Schauspiel in 4 Akten

Theodor Wolff

Die stille Insel
Schauspiel in 4 Akten

ISBN/EAN: 9783743414143

Hergestellt in Europa, USA, Kanada, Australien, Japan

Cover: Foto ©ninafisch / pixelio.de

Hansebooks GmbH, Trakehner Weg 52, D-22844 Norderstedt

Weitere Bücher finden Sie auf **www.hansebooks.com**

Theodor Wolff.

Die stille Insel.

Schauspiel in 4 Akten.

Berlin 1894.
Verlag des Bibliographischen Bureaus.
Alexanderstraße 2.

Personen.

Dr. Robert Friese   ungef. 28—30 Jahre.
Max Vollert, Ingenieur   „   35   „
Helene, seine Frau   „   23—25 „
Paul Haller   „   38—40 „
Mieze Sieler   „   20   „
Pastor   „   36   „
Strand-Karle
Schiffer Meinert
Bertha, Dienstmädchen bei Vollert's

Männer, Frauen und Kinder von der Insel.

Das Stück spielt in den ersten drei Akten in Berlin.
Im letzten Akt auf einer Nordseeinsel.

Zeit: die Gegenwart.

Zwischen dem 2 und 3 Akt einige Wochen.

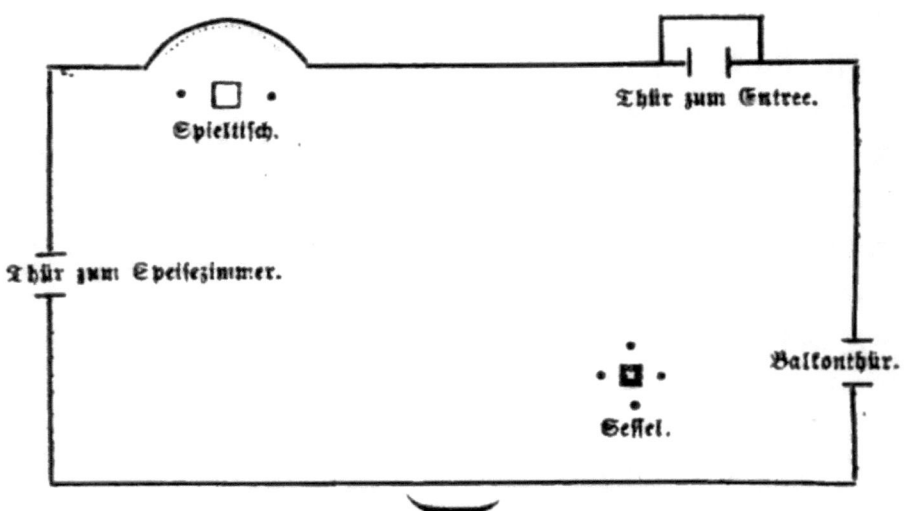

Erster Akt.

Salon bei **Bollerts**.

Bürgerliche Einrichtung mit der modernen, billigen Eleganz. Alle Möbel noch wie neu. Mehrere Uhren, viele Handarbeiten. Ein wenig unwohnlich — man muß spüren, daß man sich in einem neuen Hause befindet. An der Hinterwand rechts Thür zum Entrée. Sobald die Thür geöffnet wird, sieht man das spärlich durch eine rosa Ampel erhellte Entrée. Links Thür zum Speisezimmer, weiter zurück an der Hinderwand Spieltisch mit zwei Stühlen. Rechts Balkonthür, durch die man auf die Straße hinausblickt. In der Nähe des Fensters Polsterstühle. An der Hinterwand ein altdeutsch bemalter Papierstreifen mit einem Vers.

I. Scene.

Indem der Vorhang in die Höhe geht, wird die Entréethür geöffnet. Die folgenden Worte zwischen Robert und dem Dienstmädchen werden noch halb im Entrée gesprochen.

Dr. Robert Friese. (ca. 23 Jahre. Brünett, ein wenig blaß. Nachlässig, aber nicht unelegant. Bisweilen wie 'ermüdet und abgespannt.)

Bertha. (Dienstmädchen; sauber, mit weißem Häubchen) treten ein.

Robert. Gnädige Frau zu Hause?

Bertha. Die gnädige Frau sind ausgegangen, werden aber bald zurückkommen. Der Herr ist in der Fabrik.

Robert. Danke. Sind Sie schon lange hier im Hause?

Bertha. Seit zwei Jahren — seit der Verheiratung der gnädigen Frau. Gnädige Frau nahmen mich aus Hamburg mit — wo ihre Eltern wohnten — Kapitain Walden's.

Robert (nickt.)

Bertha (ab.)

Robert (kommt vor und blickt sich im Zimmer um.) Also das hier? Hm — Alles noch neu — diese Möbel — als hätte noch Niemand darauf gesessen. Als wäre erst gestern Hochzeit gewesen. Eins, zwei, drei Uhren —? Ach so, die Hochzeitsgeschenke! Und die Handarbeiten der Freundinnen! (Er nimmt ein gesticktes Kissen in die Hand.) Hier das Kissen — das hat Mieze gestickt. (Er betrachtet das Kissen.) Mein dummer kleiner Kerl — —! Wenn Helene ahnte, wie ich hierbei geholfen habe —! Du lieber Gott! (Er legt das Kissen hin und geht nach der andern Seite.) Na, aber wenn das die ganze Erfüllung des Traumes war — des Traumes von der großen Stadt —! Hm, Weiber — die schicken sich in Alles.

(Man hört draußen klingeln. Die Entréethür wird geöffnet.)

II. Scene.

Helene (ca. 28 Jahre alt, schlanke, feine Gestalt. Sie ist mit kleinen Packeten beladen. Die Kleidung in dunklen Farben.

Alles an der Kleidung zeugt von einer feinen, nicht vordringlichen Berechnung.)

Bertha.
(Beide zunächst noch im Entrée, dessen Thür von Außen geöffnet wird.)

Bertha. Es wartet ein Herr im Salon.

Helene. Herr Haller?

Bertha. Nein, ein Fremder. Er wollte die gnädige Frau sprechen.

Helene (giebt im Hereintreten dem Mädchen Schirm Hut und Packete. Tritt neugierig näher, während sie die Handschuhe abzieht. Dann, Robert erkennend:) Ah — Roby!

Robert (küßt ihr die Hand) Helene! — gnädige Frau —!

Helene (hat Mantel oder Jaquet ausgezogen, giebt es Bertha. Bertha ab.) Sie hier —! Wie haben Sie denn hier herausgefunden? Es ist sehr weit, garnicht mehr Berlin. Ich vergraule mich hier. Wenn Max erst Nachts aus der Fabrik kommt — —.

Robert. Hm, Max — was macht er denn? Er ist wohl sehr fleißig?

Helene. Ja, er arbeitet viel. Eigentlich immer. Nachts spricht er von seinen Maschinen aus dem Schlaf. Sie bleiben doch zum Abendbrot hier? Max wird sich freuen — — Pitt Pomade kommt auch — Herr Haller, meine ich.

Robert. Ah, Pitt Pomade!

Helene. Haben Sie ihn gern?

Robert. Sehr gern. Wir sind alte Freunde. Noch aus der Schulzeit her. Sie wissen ja, er kam einmal in den Ferien mit nach Bröbum zu meinen Eltern.

Helene. Hu -- da lernte auch ich ihn kennen. Eigentlich nur flüchtig. Nur auf der Kahnpartie, die wir alle zusammen machten — wissen Sie das noch? Wir Beide und Mieze —?

Robert. Ja, nach Nordendal. Wie hätte ich das vergessen können? Damals war es ja, als ich Sie nach Hause brachte. — All' das dumme Zeug, das wir dann an der Gartenmauer sprachen —!

Helene. Ja, ich glaube auch, recht dummes Zeug. Und doch — wir waren fast klüger, als heute. Meinen Sie nicht, Roby?

Robert. Du lieber Gott — wir waren so jung —!

Helene. (lächelnd) Sie trugen damals Locken —.

Robert. Wahrhaftig. Und Sie sehnten sich hierher — nach der großen Stadt.

Helene. Ja, ich hatte damals soviel komische Vorstellungen und Ideen!

Robert. Komische —? Ja, das ist das Schicksal aller Ideen, daß man sie hinterher komisch findet. Aber nun sind Sie doch da, wo Sie das Glück zu finden glaubten?

Helene. Ich bin auch ganz zufrieden.

Robert. Und da sind Sie doch eigentlich zu beneiden. Denn wissen Sie — unter Millionen Menschen werden immer ein paar Tausend für glücklich gehalten. Von diesen paar Tausend werden immer ein paar Hundert dies selbst bestätigen, und unter diesen paar Hundert werden auch Einige sein — die nicht lügen.

Helene. (Ihn betrachtend, nach kurzer Pause) Es kann sein, daß Sie Recht haben, aber, offen gesagt, ich denke nicht gern darüber nach. Sagen Sie lieber — Pitt Pomade — Alle nennen ihn so — ist das nicht schrecklich?

Robert. Warum? Er hat sich daran gewöhnt. Er nimmt es nicht übel. Man gab ihm den Namen zuerst auf der Universität, in seiner Verbindung, weil er Aehnlichkeit mit dem jüngeren Pitt haben sollte und weil er sehr viel auf Eleganz hielt. Besonders auf Lackschuhe.

Helene. Die trägt er noch jetzt.

Robert. Daß er daneben ein ganz wunderbarer Kerl ist — ein stilles Genie — daran kehrt sich Niemand. Diese Menschen greifen immer nur eine recht auffällige Seite einer Gestalt auf. Danach beurtheilen sie das Ganze.

Helene. Sie halten ihn also für etwas Besonderes?

Robert. Ach Gott ja — zum Mindesten für etwas Besonderes neben den Andern. Und Sie?

Helene. Ich kenne ihn zu wenig. Wir sprechen nicht viel mit einander. Er hat ja große Reisen gemacht. Kaum ist er hier, so verschwindet er wieder. Er hat einen Gastfreund, irgendwo im Orient — seine ganze Schwärmerei. Uebrigens muß er bald hier sein. Er wird wohl Max aus der Fabrik abholen. Sie kommen dann zusammen.

Robert. Was machen sie denn den Abend über hier? Macht Ihnen Pitt den Hof?

Helene. O nein. Sie spielen — jeden Mittwoch.

Robert. Skat? Und mit Ihnen?

Helene. Nein, ich spiele nicht. Sie spielen Sechsundsechzig. Bis neun Uhr, dann wird gegessen — dann spielen sie wieder.

Robert. Und Sie sehen zu —? Zaungast?

Helene. Nein, ich verstehe nichts davon. Ich lese, oder ich gehe schlafen. Natürlich, heute nicht. (Lächelnd) Sie brauchen keine Furcht zu haben — ich lasse Sie nicht bei denen sitzen — Sie würden sich wahrscheinlich totlangweilen. Oder spielen Sie auch?

Robert. Nie. Nicht einmal Sechsundsechzig.

Helene. Dann werden wir uns unterhalten — ich bleibe wach.

Robert. Gern?

Helene. Gewiß, gern. Ich bin ja sehr froh, daß endlich einmal Jemand hier herausgekommen ist.

Robert. Ah — nur darum —?

Helene. Nein, nicht nur darum — (sieht ihn an) auch weil —. (Sie steht auf) Aber wollen wir nicht lieber dort an's Fenster —? Nun geht die Sonne unter. Das ist noch der beste Augenblick hier. (Sie sind beide an die Balkonthür getreten.)

Helene (sich plötzlich besinnend.) Ich habe Sie doch eigentlich noch garnicht gefragt, wie Sie hierhergekommen sind, nach Berlin — ich meine, warum.

Robert. O, das macht nichts. Es ist auch schnell gesagt. Sie wissen, ich habe in Jena studirt. Nun bin ich hier, als Privatdozent.

Helene. Sie bleiben also hier?

Robert. Wahrscheinlich.

Helene. Und wir werden uns häufiger sehen?

Robert. Wird das nicht von Ihnen abhängen?

Helene (ihn betrachtend.) Wissen Sie — Sie sind doch eigentlich ganz anders geworden.

Robert. Wollen Sie mich examinieren?

Helene. Ja. Sie können nicht mehr lachen, nicht wahr?

Robert. O, das wäre doch schrecklich! In einer Zeit, wo soviel Stoff zum Lachen daliegt!

Helene. Ich dachte an ein anderes Lachen. Nicht an den Spott. Ich dachte an das Lachen, das Sie früher besaßen —. Damals waren Sie so viel leichtblütiger — und glücklich.

Robert (ernst, hinausblickend.) Ja, ich war ein Narr.

Helene. Nein, das waren Sie nicht. Nur unbefangen waren Sie noch. Es schien Ihnen Alles so himmlisch gut — Sie waren beinahe ein Dichter. Nun sollen Sie ganz anders geworden sein. Roby, Sie haben ja vielleicht Recht — vielleicht — es kann ja sein, daß all' die Phantasien von damals Täuschung waren — aber muß man denn immer daran denken? Wird man denn dadurch glücklicher?

Robert (nickt, wehmütig lächelnd. Nach längerer Pause, hinausblickend) Da — die Sonne ist fort.

(Es dunkelt langsam. Das Mädchen kommt und bringt zwei Lampen, die sie im Hintergrunde hinstellt. Kurze Pause. Robert lehnt an der Fenstereinfassung und sieht hinaus. Helene blickt ihn an.)

Helene. Haben Sie denn eigentlich etwas zustande gebracht mit all' Ihren Arbeiten?

Robert (zerstreut.) Ja. Ich habe allerlei gewonnen.

Helene. Was denn?

Robert. Neue Ideale — indem ich die alten verlor. Ihr Frauen versteht das nicht.

Helene. Sehr galant! Und was war denn das, was Sie verloren haben — woran Sie nicht mehr glauben? War es soviel —?

Robert. O ja. All' das, was die Menschen erst zum Schmuck des Lebens erfunden haben.

Helene. Zum Schmuck des Lebens —?

Robert. Ja. Die fromme Begeisterung und die Vaterländer — die paradiesischen Wiegenlieder und all' die Herrlichkeit des Himmels, mit der wir uns den Tod versüßen. Das alles —.

Helene. Und daran glauben Sie nicht mehr?

Robert. Nein, nicht mehr. Sehen Sie, ich habe eben gemerkt, daß alle Schwärmerei eine Dummheit ist. Wir sind gar nicht auf der Welt, um zu schwärmen, sondern um zu arbeiten. Es ist wirklich wahr, daß nur aus dem Zweifel alles Große hervorgegangen ist. Nich wahr, Sie bedauern mich nun —?. Ja, ich glaub's. Aber ich rede mir nicht nur ein, mehr zu sein, als damals, ich weiß, daß ich es bin.

Helene. Mehr — mehr — ja gewiß, wenn mehr soviel heißen soll, als gelehrter, unterrichteter. Aber Roby — heißt „mehr sein" denn niemals „glücklicher sein"?

Robert. Wissen Sie noch, wie ich unsere Heimath liebte? Diese kleine, stille Insel, an der die Wellen und die Stürme rissen. Bröbum. Ganz einsam auf dem Felsen stand unsere Villa — wie ein verzaubertes Haus. Denken Sie noch daran? Und nicht weit davon Ihr Haus, und dann das kleine Haus vom alten Lehrer Sieler — Miezens Vaterhaus — —

Helene. Hu.

Robert. Ich war doch damals wer weiß wie fromm. So recht vollgestopft mit lauter Glauben. Bis ich dann eines Tages dahinter kam —. Ich sagte mich also los — das mußte ich doch, wenn ich nichts mehr glaubte. Aber die Leute dort hängen sehr fest am Hergebrachten. Es waren ein paar besonders Schlimme drunter. Und Alle zusammen haben sie mir dann das Leben sauer gemacht — sie haben es so weit getrieben, daß ich fort mußte. Sie waren damals schon weggezogen — nach Hamburg.

Helene. Ja, kurz vorher.

Robert. Und nun war es doch erklärlich, daß ich mich eines Tages fragte: soll ich wirklich die Heimath noch lieben, die mich verstoßen hat? Und wenn ich mir Alles im Leben erst erwerben muß, warum soll ich mir nicht auch die Heimath erwerben dürfen — dort, wo ich will.

(Kurze Pause. **Bertha** kommt und bringt den Kartentisch an der Hinterwand in Ordnung. Dann ab.)

Helene. Aber, wenn Sie das Alles leugnen, all' diese Ideale, was bleibt Ihnen denn dann?

Robert. Nichts mehr. Nur noch ein Lächeln.

Helene. Und ein Glück, Roby — ein wirkliches Glück — das sollte es nicht geben?

Robert. O doch — diejenigen, die nicht rechts und nicht links sehen, sondern immer nur den kleinen Pfad, den sie gehen, diejenigen, die schlechte Augen haben, und dann die Bequemen, die keine ungesunde Aufregung lieben — die dürfen glücklich sein. Die Kurzsichtigen und die Furchtsamen. Glauben Sie nur, es ist nicht schön, das zu sagen, aber das Sprüchwort hat einen sehr tiefen Sinn: „Die Dummen haben das meiste Glück."

(Man hört Klingeln und das Oeffnen der Entréethür. Gleich darauf treten aus dem Entrée **Max Vollert** und **Paul Haller** ein.)

III. Scene.

Max Vollert (etwa 35 Jahre, blond, einfach.)
Paul Haller. (Elegant; ruhige, nachlässige Lebemannsmanieren. Dann und wann ein wenig kaum verhehlte Ironie.)

Max. Guten Tag, Lene. (Küßt seine Frau herzhaft) Ah — Doktor Friese, das ist famos! — Kinder, ihr verzeiht, aber ich bin hundemüde — ich muß mich setzen. (Er setzt sich auf einen Stuhl, legt das rechte Bein auf einen andern.)

Max. Also, Doktor — Sie bleiben jetzt in Berlin? Und wir müssen Sie bald Professor nennen?

Robert. O nein, nicht so schnell. (Zu Paul, der bis jetzt ein wenig im Hintergrunde gestanden, Helene durch eine Verbeugung gegrüßt und Robert stumm die Hand gedrückt hatte:) Also hier muß man Dich suchen? Wo hast Du denn gesteckt in den letzten Tagen? Was hast Du gemacht?

Paul. Ich habe gelebt.

Max (lachend und sich streckend.) Keine schwere Arbeit — nur so zu leben —!

Paul. Je nachdem man's nimmt.

Max. Ich wünschte nur, ihr alle wäret einmal acht Tage lang in solch einer Fabrik. Nur acht Tage. Da würdet ihr aber auf dem Rücken liegen. O Doktor, es wird schon ein Bischen gearbeitet in diesem Berlin! So angespannt sein von Morgens bis Abends, bald bei den Maschinen, bald im Comtoir — das nenne ich Arbeit. Ich sage euch, da ist es ganz gut, wenn man sich Abends so ein bischen ausstrecken kann. Nicht wahr, Alte?

Robert. O — Alte!

Helene (lächelnd). Ja, sehen Sie — ich bin hier schon eine Alte geworden!

Max. Wie finden Sie's denn nun bei uns, Doktor? Gemüthlich, was? Das ist die Hauptsache. Ach Kind, reich' mir doch mal das Kissen da —! (Helene legt ihm ein Kissen unter den Kopf) So, ich danke —. Gieb mir einen Kuß! Du willst nicht? Sie schämt sich vor Jhnen, meine Herren! — Haben Sie den Vers da gelesen, Doktor? Der ist unser Wahlspruch.

Helene. Ja, wir haben ihn zufällig in einer Papierhandlung gefunden.

Max. Das thut nichts — er gefällt uns.

(Pathetisch) „Eins nur wünsch' ich mir hienieden,
        Häusliches Glück, häuslichen Frieden."
Ist das nicht hübsch?

Robert. Für eine Papierhandlung ganz gut! Aber sagen Sie mal, haben Sie es nicht ein bischen weit zur Fabrik?

Max. Eigentlich ja. Aber ich kann ja die Stadtbahn benutzen. Und offen gesagt, ich wohne auch nur meiner Frau wegen hier draußen vor der Stadt. Hier hat sie gute Luft, richtige Waldluft. — Und ist diese Aussicht da nicht wundervoll? Was man hier Alles sieht — den Grunewald, die Stadtbahn — das hat man nicht noch einmal in ganz Berlin! Und das ist doch für Helene so viel werth — das und die gute Luft. Nicht wahr, Schatz?

Helene. O ja. Aber werdet ihr heute nicht spielen?

Max. Natülich werden wir spielen! Bis zum Abendbrot! (zu Helene) Es ist doch noch nicht so weit? Nicht?

Helene. Ich glaube nicht. Aber ich will einmal nachsehen. Einen Augenblick —!

(ab nach links in's Speisezimmer).

IV. Scene.

Max (geht an den Kartentisch).
Robert und Paul vorn.

Max. Ich will immer den Spieltisch ordnen ... Soll ich mischen?

Paul. Bitte.

(Das Folgende halblaut).

Paul. Du bleibst nun hier, Junge?

Robert. Ja. Einstweilen. So lange man mich hier läßt.

Paul. Wegen deiner Ansichten —? Ach Unsinn! In gelehrten Büchern darf man Alles sagen. Tod und Teufel. Nur nicht populär darfst Du werden. Es giebt eben, wie es scheint, Wahrheiten, die nur für die Gelehrten da sind ... Wie findest Du Helene?

Robert. Sie ist noch immer, wie sie als Mädchen war... Sie hat noch ganz diese langen, sonderbaren Blicke, die einen hinüberzuziehen scheinen... Sie ist anders, als alle Andern. Nur ein wenig müde scheint sie...

Paul. Hm. Aber sie ist noch entwickelungsfähig.

Robert. Entwickelungsfähig — das wäre nicht schlimm.

Paul. Doch, es ist immer schlimm, wenn eine verheirathete Frau noch entwickelungsfähig ist. — Nimm Dich vor ihr in Acht.

Robert. Ach, Du weißt ja — wie es auf der Insel war. Sie lockt und stößt ab — wir kommen nicht zusammen. Kaum war sie fort, da sah ich ja erst, was lieben heißt.

Paul (lächelnd). Ja — Mieze! Na, was macht sie denn?

Robert. Ich weiß es nicht. Möchte es gerne wissen.

Paul. Schreibt ihr euch nicht?

Robert. Nein. Sie hatte Angst... ich glaube, sie hat wohl viel leiden müssen, als die Geschichte herauskam. Armer kleiner Kerl! Die war wirklich wie solch' ein guter glücklicher Morgen!

Paul. Ja, wie die Gesundheit selber war sie. Uebrigens ahnt hier Niemand etwas.

Robert. Soll auch Keiner. Es soll hier Niemand über sie reden dürfen —!

V. Scene.

Helene kommt zurück. Die Vorigen.

Helene. Noch ein Viertelstündchen. Die Herren müssen sich noch gedulden.
Max. Also wird noch gespielt ... Kommen Sie, Haller! Und Sie, Doktor — ja, wie arrangieren wir nun die Sache? — Spielen wir zu dreien?
Robert. Ich danke, ich spiele nicht.
Helene. Wir plaudern — nicht wahr?
Max. Gut, so plaudert. (Er hat auf einen Klingelknopf gedrückt. Bertha kommt und stellt zwei brennende Lichte auf den Spieltisch. Max und Paul nehmen einander gegenüber Platz.)
Max. So, darf ich bitten? (Sie ordnen die Karten.) Bertha, nehmen Sie das Licht fort, wir haben an einem genug. (Bertha nimmt das Licht, ab.) Also wie hoch? drei Pfennige, wie immer?
Paul. Wie immer.
Max. Gut. Sie geben.
(Sie spielen.)
(Robert und Helene vorn rechts.)
Helene (am Fenster.) So, setzen Sie sich hierher. Da haben Sie Waldluft (sie öffnet ein wenig die Balkonthür.) — Sie haben ja gehört, er nennt es so.
Robert. Gott, er ist eben Berliner. Geborener, nicht wahr?
Helene. Ja. Sehen Sie, nun zündet man schon überall die Lichter an. Auch auf der Stadtbahn — nett, nicht wahr, die grünen Signallaternen? So früh — ja,

der Winter wird bald da sein . . (Sie setzt sich. Er sitzt ihr gegenüber) Sagen Sie einmal, wie sind Sie denn eigentlich dazu gekommen — ich meine, wie haben Sie sich so verändern können?

Robert. O, fangen Sie schon wieder davon an? — Sie haben wirklich noch nicht genug?

Helene. Darf ich nicht fragen?

Robert. Immerhin, wenn's Ihnen Freude macht.

Helene. Nein, Freude macht mir's nicht, aber es interessiert mich. Glauben Sie, daß man etwas Besonderes, besonders Schlechtes zum Beispiel, erlebt haben muß, um dorthin zu gelangen — wo Sie jetzt sind?

Robert. Nein, es brauchen gar keine äußeren Ereignisse vorauszugehen. Nur ein paar trübselige Regentage mit sonnenlosem Nachdenken. Oder auch ein Überrausch von Sonne, in dessen Ernüchterung man dann alles für immer verliert — solch' eine Frühlingsorgie, auf welche die Ermattung folgt.

Helene. Ja, so dachte ich auch.

Robert. Das ist dann nicht sehr angenehm —. Aber sonderbar ist's. Man spürt etwas, wie ein innerliches Wachsthum. Und zugleich kommt man sich doch so verlassen und einsam vor —. Es ist, als sähe man nur Kiefern und Haide. Und dann sehnen sich die Einen nach einem tiefen, klaren Frauenauge — die Anderen nach einem von jenen Sternen dort oben, von jenen stillen, ganz schweigsamen Sternen, die niemals flimmern. Aber es ist kein Verlaß auf Frauen und Sterne — bisweilen fallen sie über Nacht.

Max (am Spieltisch) Atout. Mein Stich — sechsundsechzig! (wirft die Karten hin) Sie geben. (Sich im Stuhl reckend, nach vorn hinüberrufend) Nun, wie macht sich denn von hier oben „Berlin bei Nacht"?

Helene (zu Robert) Wollen wir einmal hinaustreten?

Robert. Gern. (Sie öffnet die Balkonthür ganz — Beide treten hinaus.)

Max (hinüberrufend.) Wie gefällt Ihnen das Gitter, Doktor? Geschmackvoll, was?

Robert. (In der Thür sich umwendend.) Ja, sehr geschmackvoll. (Kurze Pause. Helene und Robert draußen. Max und Paul spielen.)

Max. Was waren denn eigentlich seine Eltern?

Paul. Wessen?

Max. Nun, dieses Doktor Friese.

Paul. Ach so. Der Vater war Arzt.

Max. Ist es wahr, daß die Insel immer kleiner wird?

Paul. Ja. Sie kennen Bröbum nicht?

Max. Nein. Helenens Eltern waren ja damals schon nach Hamburg gezogen — dort lernte ich sie kennen.

Paul. Und Sie waren dann nie zusammen auf der Heimathinsel Ihrer Frau?

Max. Ach, was sollten wir dort! — Sie geben. (Hinausrufend.) Helene, Kind, wirst du dich auch nicht erkälten? Nimm doch ein Tuch!

Helene (blickt herein.) Laß nur — es ist ja garnicht so kühl!

Max. Sagen Sie (hinausdeutend) — er hat ziemlich unklare Ideen? Er soll solch' ein Weltschmerzler sein — und Freigeist?

Paul. (Als habe er die Frage nicht gehört, spielend.) Atout — mein Stich.

Max (fortfahrend.) Aber mein Gott, wenn er ein Freigeist ist -- wen kümmert das schließlich? Wir sind das doch Alle heutzutage. Und dann in Berlin —!

Paul. (Ohne zu spielen) Er war immer ein wenig Phantast. Schon als Knabe. Damals war er ganz fromm und sehnte sich nach Wundern. Heute verlacht er das Alles. Aber er ist doch der alte Phantast geblieben. Hilft ihm garnichts. Und wenn er ein Bischen den Cyniker spielt — dahinter verbirgt er sich nur.

Max. Aber warum? das verstehe ich nicht.

Paul. Ja, das glaube ich. Aber haben Sie einmal etwas von der großen Schamhaftigkeit der Seele gehört? Es ist etwas Gutes darum. Nur die Weiber sollten sich dekolettiren!

(Helene und Robert treten durch die Balkonthür wieder ein.)

Max. Na — es ist euch also doch zu kühl geworden?

Helene. Ja, auf die Dauer. Ihr spielt noch immer? Das Abendbrot wird nun gleich fertig sein.

Max. Sehr gut. Wir haben Hunger. — Nun, Doktor, wie gefällt Ihnen unser Balkon?

Robert. Großartig.

Max. Ja, man findet das in Berlin nicht wieder. Mit solcher Aussicht und so guter Luft.

Robert. Beinahe Waldluft.

Max. Ja, Waldluft. (Zu Paul) — Ich nehme. Sie sind aus dem Schneider? Nein?

(Helene und Robert bleiben vorn)

Helene. Wollen wir uns noch ein wenig hier an das Fenster setzen?

Robert. Ganz wie Sie wünschen.

Max. (Hinüberrufend) Ihr habt wohl philosophirt da draußen?

Helene. Kann sein.

Max. Puh — am späten Abend! Da spielt man schon lieber Karten!

(Das Folgende zunächst im Flüsterton, oder doch gedämpft.)

Helene. Roby, Sie hatten Recht, als Sie erst sagten, wir Frauen verstehen das nicht. Ich würde nicht den Muth haben, an all' das zu denken — immer zu denken. Ach Gott, ich glaube wirklich, ich brauche so etwas wie Ideale. Und wenn es auch Lügen sein mögen!

(Kurze Pause. Sie blickt nachdenklich vor sich hin. Im Speisesaal hört man Tellerklirren.)

Helene. Ihr Männer wißt nicht so, was das heißt, den Glanz und die Farben wegnehmen aus dem Leben. Ihr habt so lange Jahre — ein ganzes Menschenleben. Aber wir, wir Frauen, wir haben nur diese kurze Zeit, und da wollen wir das Leben hören, verstehen Sie wohl, Roby, hören . . .

(Sie steht auf, tritt an's Fenster, faßt mit der einen Hand das Fensterkreuz und legt die Stirn gegen den Fensterriegel.)

Robert. (Er ist aufgestanden und zu ihr getreten) Haben Sie denn hier — immer so gedacht?

Helene. Nein. Ich war ja schon ganz eingeschlafen. Da habe ich eben geträumt. Sie kannten ja meine Sehnsucht nach der großen Stadt. Nun bin ich in dieser

Stadt und bin doch nicht darin. Da drüben liegt sie — ich weiß garnichts von ihr.

Robert. Hm.

Helene. Ich gehe an all' dem nur vorüber. Das war immer so. Ich bin immer an Allem — nur vorübergegangen.

Robert. Sie haben kein Talent zum Genießen.

Helene. Nein... Ich kann nur wünschen... Alles wünschen. Die Erfüllung ist so nüchtern. Ich habe wirklich kein Talent zum Genießen.

Robert. Also noch immer so —?

Helene. Ja, Roby — noch immer so.

Robert. Aber dann wird Sie vielleicht auch das Leben da garnicht glücklich machen. Das Gesellschaftsleben.

Helene. Ja, ich weiß es nicht. Ich möcht' es versuchen. Ich werde hier zu früh alt.

Robert. Hat denn Ihr Gatte nie den Versuch gemacht, Sie dort einzuführen?

Helene. Max? O, der kann das ja nicht. Er hat mich sehr lieb — aber er versteht das Leben ohne Arbeit nicht. Bei ihm regiert die Fabrikuhr.

Robert. Wollen Sie, daß ich — daß ich Sie dort einführe?

Helene. Ob ich will? Aber Max —?

Robert (lächelnd.) Nun, wir zwei werden ihn doch mitziehen?

Helene. Wir zwei —.

(Beide schweigen einen Augenblick.)

Robert. Woran denken Sie?

Helene. Woran ich denke? Wissen Sie das nicht —?

Robert. An alte Kindergeschichten vermutlich.

Helene (nickt.) Wissen Sie noch — an der Gartenmauer — an dem Abend? Wie das Meer ruhig lag! Und die großen Möven auf den Dünen! Ich weiß das Alles noch. Wir waren doch damals besser.

Robert. Weil wir so recht unvernünftig waren?

Helene. Unvernünftig —? Lassen Sie das doch. Sind wir denn heute wirklich so vernünftig? Ich hasse diese Vernunft.

Robert. Sie ist doch ganz nützlich. Wissen Sie — sie ist ein Schild, mit dem man sich diese ganzen Phantastereien vom Leibe hält. Man jagt damit die schönste Liebe in die Flucht.

Helene. Aber warum denn? Warum wollen Sie sie denn in die Flucht jagen? — — Roby, es ist doch sonderbar, daß wir Beide so auseinander kommen konnten.

Robert. Hm. Zwischen uns Beiden ist nun einmal Alles verpfuscht.

Helene. Wenn Sie nur noch ein bischen unvernünftig wären! So wie damals. Sie waren viel netter —.

Robert. Wir sind nicht mehr so jung, wie damals.

Helene. Zählen Sie die Jahre? Ja, natürlich. Sie sind ein alter Mann und moralisch geworden.

Robert. Ach bitte. Ich werde mich nicht auf den Moralischen aufspielen. Das ist es wahrhaftig nicht.

Helene. Was denn sonst —?

Robert. Das nicht —.

Helene. Aber was —? Warum wollen Sie nicht mehr wie früher sein?

Robert (langsam.) Wenn Sie nur mitkämen — ah! — wenn Sie mitkämen —! Aber Sie kämen doch wieder nicht mit — niemals.

Helene (ebenso.) Mit —? Wohin denn --?

Robert. Wohin —? fort —!

Helene (nach einer kleinen Weile.) Muß das so schnell sein?

Robert. Da sehen Sie. Das ist es. Sie kommen niemals mit. Sie wollen sich immer verstecken und immer gesucht werden. Sie wollen nur fühlen, daß Sie die Macht haben, und diese Macht niemals gebrauchen. Drei Jahre lang stand ich unter Ihrer Macht —.

Helene. Thut es Ihnen leid?

Robert. Ich bin es müde.

Helene. Wenigstens aufrichtig.

Robert. Sie spielen nur immer mit dem Feuer. Und wissen Sie was? Ich glaube beinahe, wer immer nur mit dem Feuer spielt — hat vielleicht nicht einmal Feuer —.

Helene. Sehr geistvoll. Und sehr liebenswürdig. Ich bin es von Ihnen gewohnt.

Robert. Hm. (zuckt die Achseln)

Helene. Roby — Sie führen ja Komödie auf. Warum denn? Sie wollen mir zeigen, daß Sie sich frei gemacht haben. Frei von mir. (Sie schüttelt den Kopf) Nein — denken Sie, ich glaube das?

Robert. Bitte —!

Helene. Sie gehören noch zu mir.

Robert. Nein.

Helene. Nein —? (ganz nahe bei ihm, die Augen fest auf ihn gerichtet) Aber ich will —!
(Kurze Pause)’.
Robert. Wie ihr doch alle auf das Theater paßt, ihr Frauen!
Helene (ihn lang ansehend) Hm — Sie haben Recht — wir waren damals wirklich noch so jung. Lassen wir das — es ist viel besser so —! Man ist sehr klug, wenn man über diesen Dingen steht!
(Das Dienstmädchen ist zu Helene getreten und flüstert ihr etwas in's Ohr.)
Helene. Ah — gut. Meine Herren, das Abendbrot wird sogleich servirt. Sie entschuldigen mich wohl —?

Helene
Bertha } ab nach links.

VI. Scene.

Max (rechnet hinten am Kartentisch)
Paul (kommt nach vorn zu) Robert.

Paul. (Robert auf die Schulter klopfend) Hat sie Dich schon gefangen?
Robert. Mich? Nein — Du weißt doch —
Helene (erscheint wieder in der Thür des Speisezimmers.)
Max. Einundfünfzig weniger einundzwanzig bleibt dreißig. Ich habe dreißig Pfennig gewonnen. Lene, Kind, ich bin im Gewinn — Du darfst Dir was wünschen!

Zweiter Akt.

Bei Bollerts. Die vorige Dekoration. Es ist Mittags. Die Wintersonne fällt von rechts durch die Scheiben der Balkonthür in's Zimmer.

I. Scene.

Paul Haller tritt herein. **Bertha** bleibt mit Pauls Hut und Ueberrock im Entrée.

Paul. Wahrhaftig — sie schläft noch?

Bertha. Ja. Die Herrschaften sind erst um vier nach Hause gekommen. Die gnädige Frau hat mir befohlen, sie nicht zu wecken.

Paul. Na, ich warte. (Bertha ab, schließt die Entréethür. Paul tritt an den Tisch und nimmt ein paar Einladungskarten aus einer Schaale.) Professor von Friederici — Diner — — Geheimrath Bröfius — Mittwoch — Soirée. Mittwoch — das war gestern. Hm, Professor — Geheimrath — — Helene bildet sich!

II. Scene.

Mieze Sieler tritt ein. **Paul Haller.**

Mieze (in das Entrée hinaussprechend.) Es wird ja nicht so lange dauern, nicht wahr? Gott — jetzt schlafen!
(Sie steht Paul gegenüber, er betrachtet sie einen Augenblick scharf, dann, sie erkennend:)

Paul. Donnerwetter — ich schreie dreimal hurrah! Die Mieze! Erkennen Sie mich denn garnicht mehr —?

Mieze. Gewiß — ich habe Sie gleich erkannt. Na wie geht es denn? (Sie nimmt geschäftig ihren Hut ab und legt ihn auf den Tisch.)

Paul. Ach, wie es uns alten lahmen Leuten geht! Aber in diesem Moment geht's großartig. Ich habe eine unbändige Freude. Wollen wir uns ein bischen hierhersetzen — in die Sonne?

Mieze. Ja, setzen wir uns.

Paul. Und uns angucken?

Mieze. Ach, an mir ist auch grad' was zu gucken!

Paul. Ja, lassen Sie mich nur! Na, da wird aber Einer 'ne Freude haben!

Mieze. Einer —? (ängstlich) kommt er hierher?

Paul. Nanu, Sie fürchten sich wohl vor ihm?

Mieze (schüttelt den Kopf, spielt mit den Fingern an der Quaste des Stuhls.) Fürchten!

Paul. Na ich dachte schon! (betrachtet sie einen Augenblick lang lächelnd) Und vor mir fürchten Sie sich doch auch nicht?

Mieze. O nein.

Paul. Das freut mich. Und wenn Sie einen Rath brauchen — sehen Sie, ich bin hier der einzige Mensch, der das Alles weiß —.

Mieze. Alles —. (schüttelt den Kopf) Sie wissen auch nicht Alles.

Paul. Doch. Schadet aber garnichts. Ich bin wie so eine alte Sparbüchse, in die man hineinthun kann, was man will. Wer das Geheimniß des Schlosses nicht kennt, bekommt keinen Pfennig heraus. Na, und es kennen nur zwei das Geheimniß — Sie und Robert.

Mieze. Weiß Helene nichts —?

Paul. I, wie sollte sie denn! Sie war ja schon fort von der Insel, nach Hamburg, als diese wunderschöne Zeit anfing. Keine Ahnung hat sie! Und wir wollen ihr auch nichts sagen, nicht wahr?

Mieze. O nein, gewiß nicht. Ich dachte es mir, daß sie nichts wüßte. O, sonst wäre ich nicht gekommen.

Paul. Aber nun erzählen Sie — was treibt Sie denn her —? Nur so ein bischen Sehnsucht?

Mieze. Sehnsucht! Ach nein — das ist doch Alles vorbei. Ich war auf dem Gericht — denken Sie nur — eine alte Erbschaftsgeschichte —. Sie wissen, daß mein gutes Väterchen vor zwei Jahren starb . . ? Bald darauf starb sein einziger Bruder, hier, in Berlin. Er war unverheirathet — ich erbe etwas — ach Gott, es ist nicht viel . . .

Paul. Die Mieze als reiche Erbin! Das muß doch gefeiert werden! (Linig) Dürfen wir den Roby auch dazu einladen?

Mieze (am Stuhl spielend.) Ich weiß nicht . . . ich wollte ihn am liebsten garnicht wiedersehen.

Paul. Aber warum denn nicht? Natürlich, Sie müssen ihn wiedersehen. Wir brauchen Sie hier — wir brauchen Sie fürchterlich nöthig!

Mieze. O, Sie brauchen mich!

Paul. Ja, ja, ganz ernsthaft —. Wir möchten Sie als Barmherzige Schwester hier haben.

Mieze. Ich, eine barmherzige Schwester — wenn ich das könnte!

Paul. Sie sollen auch gar keine Kranken pflegen. Gott, wir haben Alle gesunde Glieder. Aber barmherzige Schwestern geben auch nicht den ganzen Tag Medizin. Wenn sie nur da sind, oder durch's Zimmer gehen, wie stille, segnende Feen — das ist schon beruhigend. Es ist, als würde einem die Stirn gestreichelt. Und Sie brauchen auch nur so durch's Zimmer zu gehen. Wenn Sie nur lächeln, nur so wie jetzt, da lächeln wir gleich Alle mit. Es ist, als wenn ein Kind im Hause wäre.

Mieze. Ja, ein großes Kind!

Paul. Für uns sind Sie ein Kind. Wir sind hier alte Leute gegen Sie. Alles bei uns ist künstlich, unsere Vergnügungen, unsere guten Sitten, unsere Bildung — die Komplimente der Männer und das Lächeln der Frauen. Sie haben noch so das Meerwasser im Haar . . . das ist ja beinahe, als wenn der Seewind mit Ihnen käme. Ach, solch' ein Seewind, der fände hier aufzuräumen!

Mieze (schüttelt den Kopf.) Ich kann doch nicht bleiben.

Paul. Sehen Sie, ich bitte wirklich nicht meinet= wegen. Ich reise heute Abend fort. Nach dem alten verschlafenen Orient, wo in der heiligen Stadt Kairouan mein weiser Freund Achmed wartet. Ich bin wieder einmal die verkörperte Selbstlosigkeit und bitte nicht für mich. Aber für Roby.

Mieze. O, der hat gewiß viel schönere gefunden —!

Paul. Roby hat sich verändert. Garnicht zum Vortheil. Sie wissen, wie er von der Insel fortgetrieben wurde. Alle waren gegen ihn. Sogar Ihr guter Vater, der ihn immer lieb gehabt hatte. Ich glaube, es war nicht nur die Gottesleugnung, die Ihren Vater so aufgebracht hatte. Es war noch etwas Anderes — was Sie wissen — — Ihr Vater hatte etwas erfahren —. (Mieze senkt den Kopf.) Er wollte Roby gern entfernen. Wer will ihm das übelnehmen? Aber damals verhärtete sich in Roby der Unglaube und wurde zu einem Haß gegen allen Glauben. Er fing auch an zu lehren, Heimathliebe sei Unsinn — Niemand sei verpflichtet, das Ererbte zu übernehmen. — Sie wissen, er lebt immer gern in den Extremen. Er ist ein Phantast, auch im Unglauben. Alles Ideale hat er jetzt aus seinem Leben verbannt. Ich glaube aber nicht, daß er das aushält. Er ist garnicht der Mann dazu. Garnicht so robust.

Mieze. O, daß er so ganz anders geworden ist! Aber auf mich würde er doch nicht hören — nein, nein. Gott — auf mich — die so garnichts weiß — —!

Paul. Es würde doch Manches, was jetzt überscharf in ihm ist, milder werden. Bei Ihrem Lächeln würde Vieles aufthauen, Vieles weichere Formen annehmen. Er soll ja seine Theorieen garnicht aufgeben — ist ja auch ganz Vernünftiges drin. Aber man muß doch einsehen, daß solche Theorieen sich nicht sogleich in die Praxis übersetzen lassen — heute noch nicht. Wir haben doch zuviel Ueberliefertes am Bein. Ueber uns Allen, die wir schon glauben, frei zu sein, thürmt sich etwas auf: die Vergangenheit — die ererbten Gefühle und Empfindungen. Gegen die können wir uns empören, aber wir können sie doch nicht ganz aufgeben — denn wir sind ihre Kinder. Und wenn wir eben die Hand aufgehoben haben, um zuzuschlagen, dann kommen wir im nächsten Moment ganz ruhig zurück und betteln um Vergebung. Nicht wahr, Sie verstehen mich, Mieze?

Mieze (nickt.) O ja, ich verstehe —.

III. Scene.

Helene von links. Paul. Mieze.

Helene. O, da störe ich aber ein Tête a Tête! Wie ungeschickt! (zu Paul). Lassen Sie mich nur erst diese Kleine hier begrüßen. Sie kommen nachher an die Reihe. Also so etwas ist in Berlin —!

Mieze. Ja, nicht wahr, ich in Berlin! Es ist auch —

Helene. Was ist es? Sehr schön ist es, daß Du Dich auch mal sehen läßt. Ein bischen blasser bist Du übrigens auch geworden.

Mieze. (nickt).

Helene. Krank bist Du doch nicht gewesen?

Mieze. O nein, nicht krank. Dazu habe ich doch keine Zeit.

Paul. Ihr Frauen versteht Euch gut auf einander. Unsereiner merkt so etwas kaum. Jetzt sehe ich's wirklich auch — das Kind ist ein bischen blaß.

Helene. Wie lange bleibst Du nun hier? Du kommst gerade recht zur Saison. Ich werde Dir Berlin zeigen — wir können es uns zusammen ansehen — viel weiß ich ja auch noch nicht davon.

Mieze. Ich reise ja morgen schon wieder ab. Ich muß doch nach Hause.

Helene. Morgen schon? Seit wann bist Du denn hier?

Mieze. Seit gestern. Ich hatte ja nur einen Termin — eine Erbschaftssache, denk' nur.

Helene. Wo wohnst Du denn?

Mieze. Bei einer Cousine meiner verstorbenen Mutter. Sie ist verheirathet. O, so nette alte Leute! Ach, sie wollten mich nicht einmal allein auf die Straße lassen. Sie sind gar so besorgt.

Helene. Und da kommst du jetzt nur so auf einen Sprung? Nur Guten Tag und Adieu?

Mieze. Ja, nur so —. Recht dumm, nicht wahr? Aber vielleicht komme ich morgen Vormittag noch einmal her — ja, ja, ich werde kommen.

Helene. Ich bin zu Hause. Wenn Du die Saison hier nicht mitmachst, verlierst Du auch nicht viel. Es ist sehr langweilig.

Mieze. O, ich denke es mir sehr schön.

Paul. Und dabei hat diese Frau einen Verkehr — denken Sie nur, Mieze — alte Professoren rutschen vor ihr auf den Knieen. Die berühmtesten Leute. Eine andere Frau wäre wirklich stolz darauf.

Helene. Ich bin nicht stolz darauf. Ich finde es langweilig. Sie sprechen von lauter Erfindungen und Fragen, die mich nicht interessieren. Ich bin doch nicht verpflichtet, mich dafür zu interessiren.

Paul. Kann Niemand verlangen.

Helene. Und übrigens Sie — Sie sind ja auch

der Rechte. Warum gehen Sie denn nicht in diese Gesellschaften? Sie könnten doch auch „stolz darauf sein?" Aber das fällt Ihnen garnicht ein. Bleibts denn nun dabei, daß Sie heut Abend reisen?

Paul. Sehen Sie nicht meine Abschiedsstimmung? Ich will nur noch Lebewohl sagen. Und dann hatten Sie mir etwas versprochen — —

Helene. Versprochen? Was?

Paul. Ach, wie vergeßlich . . Das macht der Umgang mit diesen Gelehrten. — Sie wissen, ich pilgere nach Kairouan, zu meinem Gastfreund Achmed.

Helene. „Dem Weisen."

Paul. Hm, er ist noch so etwas wie ein Weiser. Nur seine Küche — ich habe es Ihnen ja erzählt — Kußkuß, Hammelfleisch, süßer Reis — das übersteigt meine abendländische Verdauungskraft. Aber da er ein Weiser ist, wird er sich belehren. Und ich habe ihm soviel von einer schönen Frau im Abendlande erzählt, und von ihrer Kochkunst — (zu Mieze) man ißt nämlich ausgezeichnet hier — —

Helene. Ach so — da fällt es mir ein. Denke nur, Mieze, er will seine Orientalen mit meinen Kochrezepten beglücken.

Paul. Es ist eine Kulturmission.

Helene. Nun, dann muß ich wohl. (Steht auf) Mieze, bleib' nur sitzen. Ich will ihm seine Rezepte rauskramen. Gott weiß, wo sie stecken!

IV. Scene.

Robert tritt herein. Die Vorigen.

Helene. Ah, (zu Mieze) da kommt gleich noch Einer, der Dir so lange Gesellschaft leisten wird. Wieder ein alter Bekannter. Guten Tag, Roby. (Er küßt ihr die Hand) Sie müssen mich schon entschuldigen.

Paul. (eifrig) Erlauben Sie, daß ich Ihnen suchen helfe. Beinahe bin ich doch dazu verpflichtet . .

Helene. Na, dann kommen Sie nur. Was man für Pflichten hat —!

(Helene, Paul ab nach links.)

V. Scene.

Robert. Mieze.

(Sie stehen sich einen Augenblick lang gegenüber, ohne zu sprechen.)

Mieze. Nun — —? Wie geht's?

Robert. Du —? Pst! (er geht zur Thür und lauscht) Sie sind nach der Küche gegangen.

Mieze. Ach, laß' sie doch —!

Robert (nimmt ihre beiden Hände.) Zeig' dich doch mal. Wie kommst Du denn her — in aller Welt?

Mieze. Nicht wahr, das ist merkwürdig. Ich hatte hier zu thun — in Berlin. Da mußte ich doch. Ist es Dir auch recht?

Robert. Närrchen, na ob! Ich freu' mich doch. So lange nicht gesehen!

Mieze. Ja, drei lange Jahre! Und Du bist so gelehrt geworden. Und ich bin so ein dummes kleines Ding geblieben —!

Robert. Hat denn das dumme kleine Ding auch mal an mich gedacht?

Mieze. O, ob ich an Dich gedacht habe! Das fragst Du noch! Aber Du hast mich gewiß vergessen.

Robert. Nein, Herz, ich habe Dich nicht vergessen. War viel zu schön dazu, viel zu schön, die Zeit bei Dir... Weißt Du noch — die Laube?

Mieze. Ach, schweig doch still! (Ihn betrachtend) Und der Schnurbart ist auch noch gewachsen — o je!

Robert. Frechling —! Aber das Küssen geht doch noch, der Schnurbart erlaubt's noch... (Er hält sie fest und küßt sie.)

Mieze. O! Wenn das Einer gesehen hätte! (sie blickt in einen Spiegel) Gott, ich bin ganz roth! (reibt sich mit dem Taschentuch das Gesicht.)

Robert. Ja, wenn man so aus der Gewohnheit kommt! Aber nun setz' Dich mal her. So. Na, ein bischen dichter. Nun erzähle mal .. giebt's was Neues?

Mieze (nicht ängstlich, verlegen.)

Robert. Na, heraus mit den Geschichten!

Mieze. Laß doch, Lieb, ich erzähl' Dir's nachher -. Oder auch garnicht — (hastig) nein, nein, garnicht ..

Robert. O Gott, ist's was so Schlimmes? Meinem Herzblatt was passirt?

Mieze. Nein, nein, nicht jetzt — nachher . . nicht jetzt — wir haben uns ja erst eben wiedergefunden — — laß' uns von was Lustigem reden, ja? Wir wollen von Dir reden, ja? Erzähl' mir was.

Robert. Von was Lustigem — und da soll ich was Lustiges sein? Ach ich danke.

Mieze. Gott ja, Du bist so ernst. Verzeih' nur — — Du bist so ernst geworden, sagen die Leute. Du arbeitest so viel.

Robert (lächelnd) Haben sie mich schlecht bei Dir gemacht?

Mieze. Nein, Lieb, nein. Sag' mal (dreht ihm am Rockknopf) — ist es wahr — ist es wahr, daß Du von unserer Insel Schlechtes redest?

Robert. Wer sagt Dir das? Wer hat Dir das eingeredet? Nein, Närrchen — nicht von unserer Insel. Die hat ja garnichts damit zu thun. Das wäre doch schließlich blanker Unsinn. Ich habe nur gesagt, daß es Verpflichtungen gegen Vaterland und Heimath nicht geben kann. Heimath ist auch etwas, das erworben werden muß. Und erworben werden **darf**.

Mieze. Hm, Lieb. Aber es war doch so hübsch auf unserer stillen Insel, nicht wahr?

Robert. Ja, ja, Herz.

Mieze. Gott, sie ist ja so klein. Und sie wird noch immer kleiner. Schließlich wird sie einmal garnicht mehr da sein. Aber all' die schönen Tage, die wir da verlebt haben —!

Robert. Eine wunder — wunderschöne Zeit.

Mieze (seufzt.)

Robert. O, was seufzt denn mein Herzblau?

Mieze. Ich dachte nur, wie das Alles so vergangen ist. Und so fürchterlich schnell.

Robert. Ja, ein Bischen hätt's schon noch dauern können. Na, vielleicht kommt's noch mal wieder.. wer weiß!

Mieze. Nein, nein; das kommt nicht wieder.

Robert. Du bist ja ganz traurig geworden .. Närrchen — Liebling!

Mieze. Ach, ich bin so dumm! — Lieb, hör' mal.

Robert. Ja, was denn?

Mieze. Sag' mal, hast Du Dir gedacht, ich sei absichtlich hierhergekommen — um Dich zu treffen? Du sollst das nicht denken. Ich hab's ja wirklich nicht gewollt. Ich hab' Dich ja wirklich nicht wiedersehen wollen — Dich nicht stören wollen.

Robert. Stören! Mein kleiner Dummrian! (Er küßt sie)

Mieze. Gott, ich habe doch nicht gewußt, daß Du hierher kommst. Und nun bist Du gleich da — —.

Robert. Und das ist Dir so unlieb?

Mieze. Nein, Herz. Aber Du hast gewiß soviel schönere Frauen, als mich. In diesem großen, großen Berlin. Sag' mal — — Helene — machst Du ihr auch den Hof?

Robert. Eifersüchtig?

Mieze. O nein! Sie ist soviel klüger, als ich. Und viel, viel schöner. Ja, ich weiß das doch. Du hattest sie ja schon früher gern, und sie Dich doch auch.

Ihr wart immer soviel zusammen — o Du, glaubst Du, daß ich das nicht gesehen habe?

Robert (ihr das Haar streichelnd.) Du Kind Du. Sieh' mal, Helene und ich, und Du und ich — das ist ganz zweierlei. Mit Helene spricht man so über Allesmögliche, über tausend dumme Dinge. Man kann immer mit ihr sprechen, und über Vieles, das anderen Frauen vielleicht gleichgiltig wäre, und wo viele Frauen Halt machen würden. Wir zwei Beide, Du und ich, wir haben doch eigentlich niemals so viel mit einander gesprochen — —. Nun wirst Du gleich wieder denken: „weil er mich für so dumm hielt?" Aber das war es doch nicht. Ich weiß doch, daß Du ein ganz gescheidtes Mädchen bist, gescheidter, als sie alle miteinander. Aber wir haben doch nicht so viel gesprochen. Wir haben uns so lieb gehabt und es war am schönsten, wenn wir Beide ganz still waren. Mäuschenstill. Nicht wahr?

Mieze (nicht lächelnd.)

Robert. Aber nun mußt Du mir doch noch sagen, was Du auf dem Herzen hast. Es war doch noch was . . . Das, was Du vorher nicht sagen wolltest —.

Mieze. Nein, nein — o laß das. Das ist ja so häßlich. Du sollst es garnicht wissen —. (Sie dreht wieder an seinem Rockknopf) Wenn ich morgen fortreise — —

Robert. Morgen?! Du bleibst nicht hier?

Mieze. O, hierbleiben —! Das geht doch nicht.

Robert. Geht nicht —? Weshalb nicht? Denkst Du denn, ich lasse Dich fort?

Mieze (schüttelt bestimmt den Kopf.) Nein, Lieb. Du kannst mich doch hier nicht gebrauchen. Du mußt ganz frei sein, ganz frei, mein Lieb. Und was sollten denn die Leute denken? Vor denen auf der Insel ist's ja egal — o Gott, die haben ja doch schon genug gered't. Na —! Aber vor denen hier — nein, nein.

Robert. So, und wegen der Leute — —! Was kümmern Dich die, in aller Welt —? Was gehen die Leute uns an? Sieh mal, dies Berlin ist so riesengroß. Irgendwo suchen wir uns einen kleinen Winkel, wo sie uns nicht finden ..

Mieze. Sie würden uns doch finden. Nein, nicht noch einmal, Herz! Du weißt nicht — o es war furchtbar!

Robert (sie streichelnd.) Haben sie Dich sehr gequält, mein Liebling?

Mieze (nickt.) Ja.

Robert. Aber was willst Du denn nun bei ihnen . . . laß doch die ganze Insel —!

Mieze. O Du, ich hab' die Insel doch lieb. Meine Heimath — ich habe ja sonst nichts weiter.

Robert (lächelnd, ihr das Haar streichelnd.) Du Kind!

Mieze. Und nun ist ja auch Alles gut. Alles — wird nun gut.

(Sie senkt den Kopf.)

Robert. Wie denn —?

Mieze (hebt den Kopf, sieht ihn traurig an, versucht zu lächeln. Nickt dann mit dem Kopf.)

Robert (seinen Arm um sie legend.) Willst Du's mir nicht sagen —? Dich bedrückt doch was, Herzblatt? Sieh, Du kannst's ja ganz leise sagen — — ist es so schlimm?

Mieze (nickt heftig mit dem Kopf.) Schlimm — — ach, ich weiß nicht. Ich kann's ja Dir nicht sagen.

Robert. Sag's nur. Man muß so Vieles können.

Mieze (rutscht vom Sessel herunter, kniet vor Robert und legt ihren Kopf in seinen Schooß.) Ich — —

Robert (sich zu ihr niederbeugend.) Nun —?

Mieze (leise.) Ich bin verlobt.

Robert (leise.) Verlobt —?

Mieze. O schilt mich nur. Aber ich konnte nicht anders. Ich war so allein. Alle drängten so und redeten zu. Und es ist auch gewiß das Beste.

Robert. Wer ist es denn?

Mieze. O, Du kennst ihn nicht. Er ist erst hingekommen, als Kaufmann. Er hat mich sehr lieb.

Robert. Weiß er auch —?

Mieze. Ja, Herz. O, er ist nicht mehr jung — aber sehr gut. Sehr gut.

Robert (sie emporziehend, leise.) Hast Du ihn auch — lieb?

Mieze. O, was Du fragst! Ich habe nur Dich lieb — nur Dich.

Robert (steht auf, geht heftig umher, kopfschüttelnd.) Aber das ist doch Tollheit, das Alles.

Mieze. Siehst Du denn nicht, daß ich das mußte —? Er macht mich doch wieder ehrlich, vor den Leuten. O, nun wird Keiner mehr was sagen!

Robert. Aber was, zum Teufel — —?! Laß' doch diese ganzen Leute, kehr' ihnen doch den Rücken!

Mieze. Nein, Herz. Ich gehöre doch dorthin. Ich

muß nun mal auf der stillen Insel bleiben. Das ist doch meine Heimat.

Robert (ärgerlich.) Heimath, Heimath — — (plötzlich nachdenklich stehen bleibend, kopfschüttelnd, milder:) Heimath —!

Mieze. Sieh mal, ich hatte ja nicht gedacht, daß ich Dich wiedersehen würde. Ich hätte Dich auch nicht wiedersehen sollen.

Robert (geht mit großen Schritten auf und ab.)

Mieze. Nun wird's mir nur schwerer. Und Dir habe ich auch Kummer gemacht.

Robert. (Vor ihr stehen bleibend.) Du könntest doch für immer bei mir bleiben. Für immer —. So daß Keiner was zu sagen hätte — —

Mieze. (bestimmt) Nein, Lieb. Heute denkst Du Dir das schön — —. Du sollst frei bleiben. Es ist ganz gut, daß alles so gekommen ist. Und weißt Du, ich freu' mich doch, daß ich Dich noch einmal getroffen habe. Das war der letzte schöne Tag.

Robert (versucht zu lächeln.) Da — die Sonne hat Dich doch noch lieb. Sieh mal, wie sie Dich umleuchtet.

Mieze. Ja, heute noch. Nun wird wohl immer so ein grauer Himmel sein.

(Er zieht sie an sich, sie lehnt den Kopf an seine Brust.)

Robert. Du sollst bleiben. Du wirst Dich unglücklich machen.

Mieze. Nein, Lieb. Ich werde nicht unglücklich sein. Nicht lange.

Robert. Weißt du das —? Oder —?

Mieze. Wenn es gar zu schlimm wird — —. Aber

es wird ja garnicht so schlimm werden. Es ist ja dumm, das zu denken. (Sie fährt auf) Man kommt —!

VI. Scene.

Helene, gleich darauf **Paul,** von links. **Robert, Mieze.**

Helene (steht in dem Augenblick in der Thür, da die Beiden sich von einander lösen. Kurzes Stillschweigen.)

Helene (gleichgiltig.) Habt ihr euch gut unterhalten? (zu Mieze) War er heut lustiger, als sonst —?

Mieze. Ich weiß doch nicht —.

Paul (eintretend.) Na, diese frommen Mekkapilger werden Augen machen! Wenn ich ihnen was vorkoche —! Sie werden mich heilig sprechen, oder steinigen. Das ist das Mindeste, was ich verlangen kann.

Mieze (zu Helene.) Ich muß nun gehen. Sei mir nicht böse.

Helene. Und Du kommst morgen wieder?

Mieze. Vielleicht komme ich. Ja, vielleicht. (Sie reicht allen der Reihe nach die Hand) Adieu.

Paul. Grüßen Sie die stille Insel. Aber es ist unrecht, daß Sie gehen. Wir brauchen Sie — — wir brauchen Sie.

Mieze (schon in der Thür.) O —! (schüttelt den Kopf.)
(ab)
(Helene begleitet sie in das Entrée.)

VII. Scene.

Robert. Paul.

Paul. Sie geht — —? Hast Du sie nicht festhalten können?

Robert. Sie ist verlobt.

Paul. Verlobt — Teufel! Aus Liebe?

Robert. Nein, wahrhaftig nicht. Um der Leute willen, um meinetwillen — was weiß ich! Es ist Tollheit.

Paul (nachdenklich.) Du — ich habe einen Riesenrespekt vor dem Mädel. Die hat Courage — mehr wie wir.

VIII. Scene.

Helene kommt zurück. **Robert. Paul.**

Helene. Schade, daß sie schon wieder fort will. Thut es Ihnen leid, Roby?

Robert (am Balkon, auf die Straße hinausblickend,) Ja, sehr.

Helene. Sie ist auch zu gut für diese Insel —!

Robert (kurz, fast scharf.) Sie liebt ihre Heimath.

Helene (mit einem schnellen Blick nach ihm.) Und das vertheidigen Sie — das geht doch gegen Ihre Theorieen —?

Robert. Hm. (Er blickt durch das Balkonfenster fortgesetzt hinaus.)

IX. Scene.

Max Vollert. Die Vorigen.

Max (tritt aus dem Entrée ein wenig geräuschvoll ein.) Guten Tag, Kinder. Hurrjeh, so viel Besuch! (küßt Helene auf die Stirn.) Ausgeschlafen — Faulpelz? Aber das ist auch keine Wirthschaft — — was hat denn das für einen Zweck — sich die Nächte um die Ohren schlagen! — Den ganzen Tag über ist man kaput.

Helene. Du wirst dich nach Tisch ein wenig hinlegen.

Max. Nicht dran zu denken — wird nicht eingeführt!— Aber sage mal — ist was im Hause passiert — ist denn Jemand gestorben?

Helene. Gestorben —? ich weiß nichts ...

Max. Ich dachte, es müßte Jemand gestorben sein. Wie ich nach Hause kam, jetzt eben, traf ich unten im Flur ein junges Mädchen —. Gott, sie weinte. Ich kannte sie nicht. Fragen wollte ich sie doch auch nicht.

Paul. Nein, nein, es ist ganz gut, daß Sie sie nicht gefragt haben.

Max. Als sie mich sah, trocknete sie sich schnell mit dem Taschentuch die Augen. Dann ging sie an mir vorbei und wollte lächeln. Wie das liebe Leiden sah sie aus ... Vielleicht ist ihr doch Jemand gestorben, den sie lieb gehabt hat.

Dritter Akt.

Dieselbe Dekoration. Vormittags. Ein trüber Wintertag.

Helene (sitzt in einem Fauteuil und arbeitet an einer Decke. Neben ihr auf einem Tischchen ein Korb mit Handarbeitutensilien. Sie hat einen Strauß Veilchen vorgesteckt.)

Robert (sitzt vor ihr auf einem Sessel. Etwas Ermüdetes, Schlaffes ist in seinem Wesen bemerkbar.

I. Scene.

Helene. Robert.

Robert. Das also nennt man Elfenbeintechnik?
Helene. Ja, das. Hübsch?
Robert. Hm. Die weißen Damastvögel sind großartig.
Helene. So. Nun kommt der Silberfaden.
Robert. Rundherum?
Helene. Ja. Rings um die Vögel. Na, geben Sie her.
Robert (reicht ihr den Faden.) Da —. (Er steht auf.)
Helene. Warum stehen Sie denn auf, Roby? Langweile ich Sie?
Robert. Ich muß ein bischen herumgehen. Darf ich die Balkonthür aufmachen? Hier ist eine Hitze . . .
Helene. Machen Sie nur auf. Ich glaube, wir sind beide ein bischen verkatert, Roby.
Robert. Es wäre wahrhaftig kein Wunder.

Helene. Wie fanden Sie es denn gestern bei Engelmann's?

Robert. Entsetzlich.

Helene. Hat Ihnen Frau Engelmann nicht gefallen — als sie Couplets sang?

Robert. Danke. Ach, Helene, in was für Gesellschaft treiben wir uns jetzt herum!

Helene. Ist das so schlimm?

Robert. Na, schlimmer kann es kaum noch kommen, als bei diesen Engelmann's. Helene, sagen Sie mal aufrichtig — ist Ihnen denn da wohl?

Helene. O ja.

Robert. Gott, Sie sollten doch aufrichtig sein. Es ist ja nicht wahr?

Helene. Es ist doch überall gleich. Und da ist es noch am Wenigsten langweilig.

Robert. Schauderhaft!

Helene. Sind Sie mir böse, Roby? Setzen Sie sich doch wieder her —.

Robert. Was soll ich denn nur —?

Helene. Setzen Sie sich her —. Schelten Sie mich, ja? Schelten Sie mich aus, machen Sie mich einmal so recht runter. Sagen Sie — soll ich nicht mehr zu Engelmann's gehen?

Robert. Ich habe Ihnen doch nichts zu befehlen.

Helene. Wenn Sie nicht wollen, gehe ich nicht mehr —.

Robert. Gott, Sie gehen dann zu andern Engelmanns.

Helene. Wenn Sie nicht wollen, nicht — —.

Robert (ablenkend.) Die Veilchen, die Sie da haben, riechen aber —!

Helene. Schön —?

Robert. Merkwürdig schön.

Helene. Ja, es sind keine italienischen —. Wollen Sie sich denn nicht mehr zu mir setzen?

Robert (an der Balkonthür.) Ein Dunst liegt heute über der Stadt —! Man begreift nicht, daß die Menschen noch athmen können.

Helene. Ja — in der Stadt — das ist nun mal so —.

Robert. Daß sie nicht alle ersticken —!

Helene. Roby — wären Sie lieber auf Brödum —? Aufrichtig —?

Robert. Da bekommt man wenigstens Luft in die Lungen.

Helene. Nur deshalb?

Robert. Hm.

Helene. Nicht auch, weil Mieze da ist —? — Roby, glauben Sie wirklich, ich weiß von nichts?

Robert. Was wissen Sie denn?

Helene. Daß Sie und Mieze —. Habe ich nicht Recht?

Robert. Nein.

Helene. Ja, es geht mich ja nichts an. — Roby, warum kann ich Ihnen nur nicht böse sein —?

Robert (zuckt die Achseln.)

Helene. Ich müßte es doch. Sie ärgern mich, Sie sind furchtbar unliebenswürdig — ach, und all' das andere — aber ich kann Ihnen nicht böse sein. Es ist so dumm.

Robert. Es wäre besser, Sie könnten es.

Helene. Warum —?

Robert. Weil denn die Zerrerei endlich mal ein Ende haben würde.

(Man hört die Entreeklingel.)

II. Scene.

Bertha. Gleich darauf **Paul, Helene, Robert.**

Bertha. Herr Haller —.

(ab)

Helene. Ah — Pitt —! Zurück —?

Paul. Melde mich zurück. (Er küßt Helene die Hand und bewillkommt Robert durch einen Händedruck.)

Helene. Seit wann?

Paul. Seit heute Morgen. Ueber Wien. Bildschöne Fahrt.

Helene. Nun, was macht denn der Orient? Und der „Weise" — den Namen kann ich nicht behalten —?

Paul. Achmed. Es geht ihm gut. Er hat sich die dritte Frau genommen.

Helene. Pfui — ein Weiser?

Paul. Sagte ich ihm auch. Wissen Sie, was er antwortete? „Es ist die höchste Weisheit, von Zeit zu Zeit nicht weise zu sein".

Helene. Sehr gut. Aber nun muß ich einen Willkommenstrunk holen.

Paul. Ist aber wirklich nicht nöthig. Bleiben Sie nur lieber hier.

Helene. Gewiß. Damit Sie hinterher sagen, der Occident versteht nichts von Gastfreundschaft —! (zu Robert) Habe ich nicht Recht?

Robert (nickt.)

(Helene ab)

III. Scene.

Robert. Paul.

(Einen Augenblick Stillschweigen.)

Paul. Sage mal — Du hast Deine Vorlesungen aufgesteckt?

Robert. Nein —. Doch nicht ganz —.

Paul. Das heißt, Du liest nicht mehr.

Robert. Ich werde wieder anfangen.

Paul. Hm. Was ist denn los —?

Robert. Nichts. Was soll denn los sein?

Paul. Es muß doch einen Grund haben, daß Du nicht liest. Verzeih, es geht mich eigentlich nichts an — ich weiß.

Robert. Es ist so unangenehm, sich festzulegen —. die Anschauungen sind doch in einem fortwährenden Fluß — nichts ist fertig — Alles im Werden — wie soll man sich da hinstellen und Resultate lehren wollen —?

Paul. Aber das hat doch noch Keinen abgehalten — und auch Dich früher nicht. Es muß schon noch was Andres sein. Ich glaube, mein Junge, daß ich es ahne. Helene — was? Bist Du endlich in sie verliebt?

Robert. Verliebt — Gott, ich weiß nicht. Mit Mieze — das war „verliebt." (Er schweigt einen Augenblick nachdenklich, fährt dann mit der Hand durch die Luft, als wollte er aufsteigende Bilder verscheuchen.) Na — vorbei —! Ich bin nicht so verliebt in Helene. Aber sie läßt mich nicht los. Sie ist wie ein scharfes Parfüm — weißt Du — Jypre — sie wühlt die Nerven auf —.. Man kann sich nicht frei machen — es hält einen fest. Sie bleibt ein Rätsel —.

Paul. Ach Unsinn, Rätsel! Das ist auch solch' eine Waffe, die sich die Weiber geschmiedet haben — sie haben die Meinung in die Welt gesetzt, sie seien unerforschlich. Rätsel! (achselzuckend) Alles in Allem, lieber Freund, steckt in den Frauen lange nicht so viel drin, wie wir uns immer glauben machen wollen. Sie sind gefährlich, aber es ist eine ganz simple Gefährlichkeit. Sie sind garnicht immer gleich „dämonisch." Wir reden uns all' das nur ein, weil die Sache dann amüsanter ist.. Unsere liebe Helene — na, der Fall liegt garnicht so verzwickt. Sie gehört zur Gattung der Fühlhorn-Weibchen.

Robert. Der Fühlhorn-Weibchen?

Paul. Ja. Erlaube mir, daß ich sie so nenne. Du weißt doch, wie eine Schnecke, ein Insekt die Fühlhörner langsam vorrecken — immer dann, wenn Du zurückweichst. Immer nur dann. Mach' einmal Miene, auf sie einzugehen — ganz schnell ziehen sie ihre Fühler zurück. Und so die Frauen, die ich Fühlhorn-Weibchen nenne. Sie kommen tastend mit tausend Versprechungen

in Blicken und Worten heran — aber suche sie nur fest-
zuhalten — da sind sie wie die eiskalte Tugend.

Robert. Hm, so glaube ich auch —. Hast Du das
selber ausprobirt?

Paul. Ja, mein Junge — es ist ja keine Schande,
das einzugestehen.

Robert. Du hast sie geliebt?

Paul. Geliebt, wie Du. Nicht eigentlich mit dem
Herzen, aber mit den Nerven. Vielleicht hat sie noch
Mancher so geliebt. Und man hält sie deshalb für
kokett. Aber sie ist es nicht — sie kann nichts dafür —
denn die arme Schnecke kann auch nichts dafür, daß sie
die Fühlhörner vorrecken muß . . . Es ist ihre Natur.

Robert. Hm . . ist das nicht gräßlich?

Paul. Es ist ein bischen traurig. Und man muß
ein gesundes Rückgrat haben, wenn man oben bleiben
will. — Na, Du hast Dich von ihr schon bis zu Engelmanns runterziehen lassen.

Robert. Du weißt, daß wir gestern da waren?

Paul. Ich habe gehört. Kennst Du denn das
Gesindel überhaupt?

Robert. Die Engelmann's? Nein. Nur durch
Vollerts — denen haben sie sich vorstellen lassen —
wo, weiß ich nicht.

Paul. Na, ich kenne das Gesindel. Es ist eins
von den Häusern, in die man gehen kann, ohne eingeladen
zu sein, und aus denen man fortbleibt, ohne sich zu
entschuldigen.

Robert. Glaubst Du denn, mir ist wohl da?
Glaubst Du das?

Paul. Aber Du kommst nicht los . . Sie hat dich — sie hat Dich . . . Und ich begreif's auch, zum Donnerwetter. Wie sie wieder aussieht — diese Frisur! Der Teufel soll's holen — es ist doch was Besonderes, der Chic!

Robert. Weißt Du — wonach ich manchmal — was ich mir manchmal wünsche?

Paul. Na --?

Robert. Ich möchte mal wieder eine hohe, reine Musik hören.

Paul. Sieh, daß Du loskommst . . Du mußt —!

Robert. Und dann ist noch etwas. Dir gegenüber kann ich ehrlich sein. Es kostet ein infames Geld, solch' ein Leben. Schrecklich. Ich habe gestern an meinen Verleger schreiben müssen. — Das Alles macht einen natürlich kaput.

Paul. Arbeitest Du garnicht mehr —?

Robert. Ich werde schon wieder. Ich mache nur eine Pause. Weißt Du, ich bin nicht mehr so mit Leib und Seele dabei. Ich habe geglaubt, man brauchte nichts, als arbeiten und arbeiten —. Das ist aber nicht zu ertragen: Schließlich bekommt man doch so etwas, wie eine Sehnsucht nach Sonne.

Paul. Bist Du nun immer bei Helene?

Robert. Immer doch nicht.

Paul. Sag' mal — und Mieze —?

Robert. (zuckt die Achsel.)

Paul. Das wär' das gewesen, was Dir fehlte. Das war so ein kleines Himmelslichtlein, wie Jeder eins braucht — so oder so.

Robert. Ich habe nichts mehr von ihr gehört.

Paul. Siehst Du, die könnte Dich hier aus der Geschichte rausziehen. Der würd' ich's zutrauen. Und raus mußt du schließlich —.

Robert. Gott, wie's ihr gehen mag —! Armes, dummes kleines Mädel! Die macht auch was durch —!

Paul. Du, weißt Du, der Allerdümmste warst Du. Wenn sie auch nicht wollte — dieser kleine Racker — den hättest Du doch bändigen sollen!

IV. Scene.

Helene kommt zurück, mit Wein und drei Gläsern.

Helene (einschenkend) So. Dem glücklich Heimgekehrten! Ich habe meiner Köchin gesagt, daß Sie heute Beide bei uns speisen. Um drei Uhr, bitte.

Paul. Sehr liebenswürdig, und sehr verlockend. Um drei Uhr —. Ich habe eigentlich alle Hände voll zu thun —.

Helene. Was haben Sie denn zu thun —?

Paul. Ein halbes Dutzend Wege. Ich muß mich doch erst wieder häuslich einrichten.

Helene (zu Robert.) Und Sie — auch so beschäftigt —?

Robert. Ich kann bleiben.

Paul. Also — wissen Sie was — ich werde gehen und werde wiederkommen. Jetzt ist es zwei — ich habe eine Stunde Zeit.

Robert. Kommst Du in die Nähe meiner Wohnung?

Paul. Kann sein.

Robert. Willst Du dann mal hinaufspringen? Ich käme nicht zum Essen. Und falls ein Brief daliegt —

Paul. Bringe ich ihn mit. Von. Dann will ich mich empfehlen.

Helene. Ein Weilchen können Sie doch noch bleiben. Was ist denn aus meinen Rezepten geworden?

Paul. Ach, gnädige Frau — wir haben eine Niederlage erlitten.

Helene. O —! Hat „der Weise" keinen Geschmack daran gefunden?

Paul. Doch. Er schien mit Vergnügen zu essen. Nachher, als wir in dem weißen Hof saßen, wo die kleinen Springbrunnen unter den Palmen plätschern, fragte ich ihn: „Nun, Freund Achmed — wer kocht denn nun besser — Morgenland oder Abendland?" Er dachte einen Augenblick nach, dann sagte er: „Lieber Freund — mit den Speisen ist es, wie mit den Religionen. Es ist eigentlich ein und dieselbe Speise. Nur die Köche haben ein Interesse daran, Unterschiede zu machen."

Helene. Hm, und wir wollten eine Kulturmission erfüllen!

Paul. Ja, das ist der gewöhnliche Irrtum der Köche —! Na, nun auf Wiedersehn!

Helene. Also um drei Uhr. Seien Sie pünktlich, ja —?

(Paul ab.)

V. Scene.

Helene. (Sie setzt sich wieder in den Fauteuil und nimmt die Handarbeit vor.)
Robert.

Robert. Warum bleibe ich eigentlich noch —?
Helene. Gehen Sie ihm doch nach.
Robert. Ich — Sie sind —
Helene. Was denn?
Robert. Ach —!
Helene. Was bin ich —? ich will es wissen.
Robert. Schrecklich sind Sie.
Helene. Warum —?
Robert. Ach, Sie wissen es ja doch — weshalb quälen Sie uns Beide —?

(Kurzes Stillschweigen)

Helene. Kommen Sie, Roby — setzen Sie sich wieder her. Helfen Sie mir.
Robert. Was wird das eigentlich? (er setzt sich)
Helene. Das —? Rathen Sie.
Robert. Für Max —?
Helene. Ja, für Max. Zum Geburtstag.
Robert. Wo soll er denn damit hin?
Helene. Ich weiß nicht. Er wird schon irgend einen Platz finden. Reichen Sie mir mal die weiße Seide. Danke.
Robert. Was wird denn nun —?
Helene. Nun werden kleine weiße Blumen hineingestickt. Rundherum wieder Silberfaden. Sehen Sie,

wie hier — ... Gucken Sie mir nicht so auf die Hände, Roby —.

Robert. Ich seh' die Hände nun mal so gern.

Helene. Aber ich bekomme eine Unruhe in den Fingern —. So — nun den Silberfaden.

Robert (er reicht ihr den Faden.) Ich soll also hier helfen, wenn Sie Ihrem Manne Decken sticken?

Helene. Finden Sie das sonderbar, Roby?

Robert. Eigentlich ja.

Helene. Es ist auch sonderbar.

Robert. Sie thun das ja mit Absicht.. Sie lieben solche Situationen. Es ist etwas darin, was Sie gern haben, nicht wahr —?

Helene. Wie kommen Sie darauf —?

Robert. Ich weiß es. Es ist eine stille Erregung in diesen Situationen —. Hab' ich nicht Recht — Sie lieben das? Sie wollen diese Spannung — nur nicht die Verwirklichung.

Helene. Hm, Roby.

Robert. Und dann haben Sie so eine Schwärmerei dafür, manchmal in die einfachsten Worte einen geheimen Sinn zu legen. Wir thun es alle Beide. Wir haben eine richtige Geheimsprache erfunden —.

Helene. Ja, warum nur —?

Robert. Auch so aus Furcht vor dem Wirklichen. Weil alles brutal und hart klingt, wenn man's grad' heraussagt.

Helene (nickt.) Ja —.

Robert. Eins möcht' ich nur gern wissen.

Helene. Was —?

Robert. Wie Ihr Mann das aufnimmt — diese Furcht vor der Verwirklichung —?

Helene. Roby —!

Robert. Pardon —! Kränkt Sie das?

Helene. Max ist ja den ganzen Tag nicht zuhause. Er steckt in seiner Fabrik.

Robert. Aber er kommt doch mal heim. Abends.

Helene. Ja. Dann ist er nur müde. Sie haben es ja gesehen.

Robert (nickt.)

Helene. Uebrigens, wie komme ich dazu, über so etwas mit Ihnen zu sprechen —? . . . Wenn Sie mich fragen, muß ich antworten.

Robert. Wir sind zwei alte Vertraute. Wir sagen uns Alles. Da wir uns nichts auseinander machen, hat es keine Gefahr. Wir Beide —!

Helene. Wir Beide -! . . . Sehen Sie mir doch nicht so auf die Hände. Ich werde nervös. Ich kann nicht mehr sticken.

(Sie legt die Handarbeit fort.)

Robert (nachdenklich.) Wenn es nur wahr wäre, daß wir uns nichts auseinander machten —!

Helene. Möchten Sie das, Roby —?

Robert. Hm. (leise) Ich möchte es. Sie quälen mich so furchtbar. Sie wissen es. Man kann daran kaput gehen. Wenn Sie nur einmal den Muth zur That hätten —.

Helene (leise.) Es ist doch viel besser so —.

Robert (schüttelt den Kopf.)

Helene. Dann wäre ja längst schon alles aus. In dem Moment, wo man seinen Traum verwirklicht — —! Und ich will den Traum behalten, Roby — ich muß.

Robert. Aber sehen Sie denn nicht, daß uns das kaput macht —? Immer so vor der Brandung stehen — immer hineinspringen wollen — und es niemals thun —?

Helene. Es ist doch schön, so vor der Gefahr zu stehen . . .

Robert (flüsternd.) Und niemals weiterkommen —?

Helene. Finden Sie mich schrecklich? Ich kann ja nichts dafür —. Ich habe eine solche Angst vor dem Aufwachen, Roby. Können Sie sich denken — ich glaube, ich würde mir das Leben nehmen.

Robert. Das Leben nehmen —!

Helene. Glauben Sie es nicht —?

Robert (schüttelt den Kopf.)

Helene. Doch —.

Robert. Sie würden weiter Ballkönigin spielen, ganz wie jetzt, und stolz darauf sein, daß Sie die reizendsten Hüte tragen.

Helene. Roby, das ist doch nicht Ihr Ernst —.

Robert. Leider nein, nicht ganz. Wenn ich wenigstens genau wüßte, daß Sie so wären —!

Helene. So stolz auf die reizendsten Hüte —!

Robert. Ja, das wäre mir schon beinahe lieber.

Helene. Schade — nicht wahr?

Robert. Ja. — Ihre Veilchen duften —! Die Augen thun einem weh.

Helene (die Veilchen berührend.) Soll ich sie fortlegen —?

Robert. Nein, nein.

Helene. (Sie legt ihre Hand auf seine Augen. Leise:) Beide Augen —?

Robert (ebenso.) Nehmen Sie die Hand fort —

Helene (ebenso.) Warum denn —? — Ist das nicht gut —?

Robert. Ach, es ist gut —! (Plötzlich, sie umschlingend und wild küssend.) Helene —!

Helene (ohne sich zu wehren.) O — o — Du —!

Robert. Soll ich Dich nicht küssen?

Helene. Ja, ja, Du sollst — küsse mich — so —!

Robert. Deine Veilchen machen mich toll —

Helene. Wir sind toll, alle beide —.

Robert. Du zitterst so —. Sieh mich nicht so an.

Helene. Roby, wir sind toll, alle Beide.

Robert. Aber doch nicht toll genug.

Helene (ihn lang anblickend. langsam:) Willst Du noch mehr —?

Robert. Ja —. (Er sucht sie wieder zu umarmen.)

Helene. O laß das —. Roby, Du tötest mich, wenn Du das willst —.

Robert. Unsinn —!

Helene. Du tötest mich. Geh, Roby — wir sind ganz verrückt —. (Sie streicht sich mit der Hand über die Stirn, sucht das zerzauste Haar wieder zu ordnen.)

Robert. O — —. (Er steht auf. Kopfschüttelnd, gezwungen lächelnd.) Es ist lächerlich —.

Helene. Du bist mir böse — —

Robert. Böse, böse — nein, weiß Gott — nein. (Er geht zur Balkonthür und öfnet sie noch weiter, wie um Luft zu schöpfen.)

Helene (ihm nachblickend.) Roby!
Robert (schweigt.)
Helene. Roby!
Robert. Ja —?
Helene. Du darfst mir auch nicht böse sein.
(Man hört klingeln an der Entréethür.)

VI. Scene.

Paul tritt ein. **Helene. Robert.**

Paul (von einem zum andern blickend, verstehend.) Schnell gegangen? — Max ist noch nicht da —?
Helene. Haben Sie all' Ihre Besorgungen gemacht?
Paul. So ziemlich —. (Zu Robert) Du, ich habe übrigens einen Brief für Dich. Dein Diener gab ihn mir.
Helene. Etwas Geschäftliches —? Dann will ich Sie nicht stören.
Paul. Ich weiß es nicht.

(Helene ab.)

VII. Scene.

Robert. Paul.

Paul. (Robert betrachtend) Hatte ich Recht — daß Du hier nicht länger bleiben kannst?

Robert (an der Balkonthür.) Ja. Ich kann hier nicht länger bleiben.

Paul. Hm. — — — Ich werde den Brief holen — (wendet sich zur Entreethür.)

Robert. Er wird von meinem Verleger sein. Gieb her —.

Paul. Gleich. Er steckt draußen im Rock.

(Er geht hinaus, die Thür zum Entree bleibt offen, man sieht, wie er im Entree am Kleiderhalter einen Brief aus der Rocktasche nimmt. Dann kommt er zurück.)

Paul. Er ist nicht von Deinem Verleger. Er kommt aus Bródum —.

Robert. Aus Bródum —?

Paul. Da (giebt ihm den Brief.) Es ist eine weibliche Handschrift.

Robert. Mieze — ! (er legt den Brief auf den Tisch.)

Paul. Warum machst Du nicht auf —?

Robert. Ich habe Angst —. Ich bin so herunter, daß ich nichts Schlimmes mehr gebrauchen könnte —.

Paul. Unsinn! Oeffne nur!

Robert (nimmt den Brief, öffnet und liest.) „Mein Lieb!" — — — „Ich hatte Dir gesagt, daß es nicht lange dauern würde" — — — — „Es ist garnicht so traurig, denn ich bin sehr glücklich gewesen — — —." (Er giebt den Brief Paul.) Da.

Paul (liest; dann:) Sie sagt Dir Lebewohl.

Robert. Sie glaubt, daß sie sterben muß — nicht wahr?

Paul. Ja.

(Einen Augenblick Stillschweigen.)

Robert. Du — ich will sie noch einmal sehen —. Ich werde hin — zur stillen Insel.

Paul. Willst Du mich mitnehmen?

Robert. Ja, komm' mit. — Solch' ein kleiner Trotzkopf, nicht wahr —? Will sterben —?!

Vierter Akt.

Auf Brödum. Morgendämmerung. Im Hintergrunde das Meer, von dem die Nebel langsam verschwinden. Rechts ein Haus mit einer Bank neben der Thür.

I. Scene.

Strand-Karle kommt von rechts. Er untersucht mit einem langen Stock im Vorwärtsschreiten tastend den Seetang. Darauf **Schiffer Meinert** von links — alt, weißbärtig, aber mit frischem Gesicht, eine kleine Blume auf der Kappe; er trägt ein paar Ruder über der Schulter.

Karle. Morging, Herr Rahwer.

Meinert. Morging. Na — hast heut wat funden, Karle?

Karle. Nur die Blumens. (Er zeigt ein Sträußchen Blumen.)

Meinert. Giww mich her —. Die haben all lang in Wasser legen. (Karle giebt ihm die Blumen.)

Karle. Schöne Blumens, wat?

Meinert. Hm. (er steckt sich eine Cigarre an. Dann, nach links deutend:) Der Paster geht schon spazieren.

Karle. Ja. Der is früh up.

Meinert. Is 'n netten Kerl!

Karle. (begehrlich Meinerts Cigarre betrachtend) Seggen Se eins, Herr Amiral — hewwen Se for mir nich auch so'n lütten Stümmel?

Meinert. (zieht eine Cigarre aus der Tasche und giebt sie ihm.) Da.

Karle. (sogleich qualmend.) Seggen Se — hewwen Se ihn schon sehen, Herr Nahwer — Doktor Friesen sin Sähn —? Is doch gestern Awend ankommen.

Meinert. Ja. Ick heww ihn sehen. Ihr hewwt ein schön Spektakel macht.

Karle. Jo — wie da der Eine sagte: wi willen em nich — da schrien se nu Alle: wi willen em nich. Des is, weil er kin Glöwen het.

Meinert. Ach wat, is man ook ne Gewohnheit, de Glöwen —.

Karle. (sich hinterm Ohr kratzend) Ja, ja — dat seggt ihr, der Amiral — ihr wart weit über's Meer. In alle Länders. Awer wir sin doch zu dumm dazu, Herr Amiral.

Meinert. Det glöw ick auch. (Er will weitergehen.)

Karle. Dank Sie auch, Herr Nahwer, for den Stummel.

Meinert. Adjes.

(Karle ab. Meinert geht zu dem Hause rechts und hängt den Blumenstrauß behutsam an den Fensterriegel. Er lehnt die Ruder gegen die Mauer und setzt sich auf die Bank. Hinten über dem Meer geht die Sonne auf.)

II. Scene.

Robert (und **Paul** kommen von rechts hinten.)

Paul. Du — es ist doch noch viel zu früh. Da, die Sonne geht erst auf.

Robert. Ich konnt' es drin nicht mehr aushalten.

Paul. Hm. Euer geliebtes Inselhaus ist auch ein bischen luftig, Alles, was recht ist!

Robert. (nach rechts blickend) Die Vorhänge sind zugezogen. Vielleicht schläft sie.

Paul. Dort wohnt Mieze —?

Robert. Ja.

Paul. Wer kommt dort —? (nach links deutend.) Noch ein früher Spaziergänger. Alle Wetter — hier ist man zeitig auf!

III. Scene.

Der Pastor von links (Hoher Dreißiger, stattlich. Im Aeußeren nichts eigentlich Pastorenhaftes, eher etwas fast Burschikoses. Er macht den Eindruck eines Mannes, den das Leben mitgenommen hat. Das Haar ist über den Schläfen schon ein wenig ergraut, der Schnurrbart ist struppig und schlecht gepflegt. Im Ton seiner Rede bisweilen etwas wie Selbstironie.)

Die Vorigen.

Pastor. (Die beiden bemerkend.) Ah —. Herr Doktor Friese, nicht wahr?

Robert. Mein Name.

Pastor. So früh am Tage —. Ich bin hier der Pastor. Es freut mich, Sie kennen zu lernen.

Robert. Es freut Sie — ach!

Pastor. Ja. Ich habe Ihre Schriften gelesen. Das Meiste wenigstens. Bitte, denken Sie nicht, daß ich Sie durch Komplimente zu mir herüberziehen will. Ich will Sie garnicht bekehren.

Robert. Hm.

Pastor. Sie haben in Jena studiert, nicht wahr?

Robert. Ja.

Pastor. Haben Sie da niemals von einem Theologen Büttner gehört? Er studirte ein paar Semester vor Ihnen —?

Robert. Er sprach ja wohl in Arbeiterversamm= lungen —? Und schließlich hatte er — hatte er was mit der Frau eines Stadtraths, nicht —?

Pastor. Freilich Ein recht mißrathenes Subjekt, sagten sie in Jena. Na, dieser Büttner ist nun Pastor auf Bröbum.

Robert. Das sind Sie —?

Pastor. Ja, das bin ich.

Robert. Ich denke, es stand schwach mit Ihrer Theologie?

Pastor. Sehr.

Robert. Und sind Pastor — hier —?

Pastor. Hm — ich hab's mir ausgesucht. Glaube schon, daß das nicht ganz verständlich klingt. Aber wissen Sie — es giebt Stunden, in denen wir uns so einsam fühlen — in denen wir plötzlich all' das aufgeben, was wir vorher als das Richtige erkannt hatten — nur um irgendwo ein warmes Plätzchen zu finden, wo wir unterkriechen können.

Robert. Ich begreife das — einigermaßen.

Pastor. Wir gehen dann nicht in die marmornen Kirchen mit purpurnen Fahnen. Aber zu den schwermüthigen Märtyrerbildern und den einsamen Kreuzen.

Robert. Und sind Sie nun hier — glücklich?

Pastor. Zum mindesten ruhig. Ich ziehe mir die Decke über die Ohren. Vor acht Jahren noch hätte ich dazu gelacht. Ich hatte einen wundervollen Enthusiasmus für alle Wahrheiten. Aber wenn man erst ramponirt ist —! Dann glaubt man zu merken, das die Summe von aller Weisheit doch nur ist, sich einigermaßen anständig durch's Leben durchzuschlagen.

Robert (nickt.)

Pastor. Und sehen Sie — ich bin gar kein Heuchler geworden. Ich habe die ganz ehrliche Empfindung, daß der Glaube für Viele noch eine Nothwendigkeit ist. Es ist garnichts so Geringes, der Glaube an etwas. Und nicht zu glauben, das ist auch nur etwas für die Auserwählten, das muß auch errungen werden.

Robert. Ja, Ja.

Pastor. Ich denke, daß Viele heute ihren Glauben aus Denkfaulheit ablegen, wie ihm Viele in Denkfaulheit anhängen. Und Mancher steckt ihn aus Scham in die Westentasche. — Na — Jeder nach seiner Façon! — Bleiben Sie längere Zeit hier?

Robert. Ich weiß noch nicht.

Pastor. Wenn Sie einmal in die kleine Kirche kommen wollen —. Das heißt, ich will Sie wahrhaftig nicht überreden. Es ist eine ganz schmucklose kleine Kirche — Sie kennen sie wohl noch? Sie waren ja früher hier.

Robert. Ja, ich kenne sie.

Pastor. Na — ich will Sie nicht länger aufhalten. Also guten Morgen. Ich gehe auch dort hinunter —. Meine Frühpromenade. Mit dem Schlaf ist's noch immer nicht so recht —.

(ab nach rechts)

IV. Scene.

Robert. Paul. Auf der Bank Meinert.

Robert. Sonderbar, nicht wahr?

Paul. Ist ja Alles Unsinn! Fürchterlicher Unsinn!

Robert (nachdenklich.) Wer weiß, ob er nicht Recht hat —!

Paul. Das ist ja Schwachsinn. Giebt's denn kein Rückgrat und keinen Willen mehr in der Welt —?

Robert. Gott — sind das nicht nur Worte?

Paul. Nein! Zum Donnerwetter, nein! Na was geht's mich an! — Kennst Du den Mann dort —? der dort sitzt —?

Robert. Ich glaube.

Paul. Na — laß' ihn lieber. Reize ihn nicht. Ich habe genug von gestern Abend. Das war ein hübscher Empfang, alle Achtung!

Robert. Es ist der Admiral, der dort sitzt.

Paul. Ein Admiral? Nanu!

Robert. Er wird so genannt. Er war weit in der Welt draußen. Es sind hier nicht Viele, die so weit waren.

Paul. Also eine richtige Respektsperson. Er hat Blumen am Hut —?

Robert. Immer. Ich glaube, er war früher der Insel-Don Juan.

Paul. O!

Robert. Ein guter Kerl. Morgen, Admiral.

Meinert. Morging, Morging, Herr Friese.

Robert. Wundert's euch, daß ich da bin?

Meinert. Nee. Ick heww glaubt, daß ihr kümmt.

Robert. Ah — ihr habt geglaubt —?

Meinert. Weil Mieting euch schriewen hat.

Robert. Hat sie es euch gesagt?

Meinert. Ja. Sie kann's Niemand anners hier seggen. Sehn se — ick bin so ihr oll Wartefruu — ick pfleg ihr, ick tröste ihr, un wenn sie traurig is, vertäll ick ihr man lauter olle Snurrens — bis se lacht.

Robert. Und jetzt ist sie so — sehr traurig —?

Meinert. Ja. Wird nich mehr viel werden. Dat is ut.

Robert. Nichts mehr —?

Meinert. Nee. — Der Mann is heut früh nübergefahren, Arznei holen — hier is kein Dokter jetzt. Ick wart' man, bis da wat an's Fenster kloppt — wir tragen sie dann hier heraus, in die Sonn'. O —'s kloppt schon —. Ja, ja —! Ick kümm' all —!

(ab in's Haus)

V. Scene.

Mieze, gestützt von **Meinert** und einer **alte Frau,** tritt aus dem Haus. Sie ist blaß und müde. Sie läßt sich auf der Bank nieder. Die Frau ab in's Haus. Meinert hält ein Buch in der Hand.

Mieze. (sie sieht Robert und Paul zunächst nicht. Zu Meinert:) Gott — ich dank' Euch) — ihr macht Euch so viel Mühe. Habt Ihr das Buch —?

Meinert. Ja, ja. Da ist's —. (Er legt es neben sie auf die Bank) Mieting —.

Mieze. Ja, was ist denn?

Meinert. Es is jemand kommen, Mieting.

Mieze. Es — ist gekommen —?

Meinert. Ja, Mieting.

Mieze. O — er ist gekommen . .

Meinert. Da ist er ja. Na, ick geh' — ick muß nun tum Boot.

(Er nimmt die Ruder und geht ab, nach links.)

VI. Scene.

Robert kommt vor. Er beugt sich zärtlich zu Mieze nieder.

Robert. Mein Herzblatt — mein kleines.

Mieze. O Du — Du bist gekommen.

Robert. Sollte ich nicht — auf den Brief —? (Er setzt sich neben sie.)

Mieze. Du bist so gut —. Ich hätte das doch nicht von Dir verlangt. So weit — von Berlin — und auf diese öde Insel.

Robert. Aber doch zu Dir —?

Mieze. Es ist so gut, daß Du gekommen bist.

Robert. Du — Pitt ist auch da. Darf er Dir Guten Tag sagen?

Mieze. Gott — er auch — wo ist er denn?

Robert. Hier —. Paul! — Siehst Du, da ist er.

Paul (ist herangetreten.) Na, Mieze — was sagen Sie — nächstens geben wir einen Ball auf der stillen Insel —!

Mieze. O — er ist noch immer lustig. Und wir sind's garnicht —.

Paul. Man muß so thun — man muß so thun — es wird einem Manches viel leichter, Mieze, wenn man so'n vergnügtes Gesicht dazu macht.

Mieze. Es ist so nett, daß Sie ihn begleitet haben.

Paul. O — nett! Ich mache auch mal gern eine kleine Spritztour. — Und nun habe ich ihn hierhergebracht, und nun empfehle ich mich auch.

Mieze. Sie wollen gehen?

Paul. Ja. Ich denke, daß ihr Euch vielleicht was zu sagen habt. Und dann kenne ich Brödum noch gar nicht recht. Ich muß mir das doch ansehn.

Mieze. Da ist nicht viel zu sehen.

Paul. Ja, das sagen Sie so. Vielleicht finde ich was. Guten Morgen, Mieze.

Mieze. Guten Morgen. O — da —! Wie schön das Meer ist —! (sie sieht das Meer in der Morgensonne)

Paul. Ja. Ich muß es näher sehen. Guten Morgen —!

(Er nickt ihr noch zu, dann ab.)

VII. Scene.

Robert. Mieze.

Mieze (nach kurzem Stillschweigen.) Was hast Du denn geglaubt, als ich Dir schrieb?

Robert. Doch, daß Du mich wiedersehen wolltest —.

Mieze (nicht.) Ja, Du, ich wollte Dich noch einmal sehen. Ich wollte Dir Adieu sagen.

Robert. Red' doch nicht so. Du bist doch sonst nie so gewesen. Du hast mich doch immer ausgelacht, wenn ich mir Sorgen machte. Und nun fängst Du an.

Mieze. Sorgen —. Ich mache mir doch keine Sorgen. Ich sterbe ganz gern. Ich wollte es ja.

Robert. Du wolltest —?

Mieze. Ja. Ich hab' es Dir doch gesagt. Weißt Du noch —? Wenn es gar so schlimm würde — —

Robert. Ist es denn gar so schlimm geworden —?

Mieze. Ich kann nicht —. Er ist gut zu mir, o, so gut. Alles will er für mich thun. Aber ich kann nicht —. Ich habe doch nur Dich lieb.

Robert. O, es wird noch Alles so gut werden, paß' nur auf. Man muß doch nicht den Kopf hängen lassen. Kopf hoch, Herzblatt, doch nicht so verzagt!

Mieze. Du — bin ich verzagt? Nein Du, ich bin ganz glücklich. Du bist da — glaubst Du mir, daß ich glücklich bin?

Robert. Und Du wirst es bleiben, Lieb.

Mieze. Ja, ja, denn nicht wahr, Du gehst nicht fort, bis — —. Es dauert nicht mehr lange —.

Robert. Was denn —? Quäl' Dich doch nicht.

Mieze. Du — ich weiß, daß ich sterbe. Ich muß sterben —.

Robert. Nein, nein.

Mieze. Doch. Du — wirst Du es Keinem sagen —? Ich hab's gethan —.

Robert. Was —?

Mieze. Selbst. Freiwillig. Ach, wie auf dem Theater, was?

Robert. Du selbst —?

Mieze. Ist es eine Sünde? Glaubst Du, daß es eine Sünde sein kann? Es kann doch keine Sünde sein, wenn man zum lieben Gott will —.

Robert. Aber Herz —!

Mieze. Ja — ich weiß — Du glaubst nicht an den lieben Gott. O Du — Du kannst das. Du weißt soviel. Aber ich — ich brauch' ihn doch, Lieb. Ich muß doch —. Schilt' mich nicht dumm!

Robert. O, ich Dich dumm schelten —!

Mieze. Sieh mal, Du hast manchmal gelächelt — wenn ich Dich fragte — so nach allem — wie das Alles geworden ist — die Blumen — all' das — Du hast dann gedacht — o, sie versteht das doch nicht — wenn ich ihr's nun auch sage. Du, Lieb, ich hab's doch verstanden. Wenn ich auch nicht so klug war —. Ich hab' es doch verstanden. Und da hab' ich auch angefangen, nicht mehr zu glauben — denk' nur — an den lieben Gott nicht mehr — ganz heimlich — denn ich war nicht so muthig, nein. Aber wenn man weiß, daß man sterben wird — dann ist es so ganz anders — man kann nicht mehr an all' das denken, siehst Du —

Robert. Du sprichst soviel — Du solltest das nicht, Lieb.

Mieze. Laß' nur. Laß' mich nur. Aber wenn Du willst — ich spreche nicht mehr —. Erzähl' mir von Berlin. Dann höre ich Deine Stimme. Tanzt Helene noch so viel —?

Robert. Ja, Du Kind.

Mieze. Sie ist so schön, Helene. Sie ist glücklich —.
(Ein paar Augenblicke Stillschweigen)

Mieze. Weißt Du noch — den ersten Abend — wie wir auf den Felsen standen — am Meer — Du und ich —

Robert (nickt.)

Mieze. Wie das Meer unter die Felsen rann — immer neue Wellen — immer neue — und es sah aus, als wenn sie alle unter die Felsen wollten — und das Land untergraben müßten —. Du — denk' nur — ich seh' sie noch immer, wie sie in langen Linien kamen — immer herankamen — und unter die Erde gingen.

Robert. Liebling — Du sollst ja nicht so viel erzählen —. Wirst Du ruhig werden — wirst Du wohl —!

Mieze. O Du —! Ja, ja — ich werde ruhig werden — weil Du es willst — Du —. Da — **gieb mir das Buch** — dann werde ich ruhig —.

Robert. Was ist das für ein Buch —?

Mieze. Vaters Gesangbuch — ein ganz altes — o, nichts für mein Lieb —.

Robert. Soll ich Dir vorlesen —?

Mieze. O — willſt Du denn das —? Du ſollſt Dich auch nicht luſtig machen —.

Robert. Nein, nein —. Was ſoll ich leſen —?

Mieze. Auf der letzten Seite — weißt Du — — aber Du wirſt böſe werden —.

Robert (ſchlägt das Buch auf.) Auf der letzten Seite — die geſchriebenen Verſe —?

Mieze. Hn. Du — denk' nur — wer die gemacht hat —.

Robert. Dein Vater —?

Mieze. Ja. Vater —. Da — als Du von der Inſel gingſt —.

Robert. Soll ich leſen —?

Mieze (nickt.)

Robert (lieſt:)
    Das Reich der Sünden
    Kühn der Verführte pries,
    Wollte begründen
    Fleiſchlicher Lüſte Paradies.
    Seine Gedanken
    Flogen hinaus bis über das Grab,
    Und nun ſeh' ich ihn wanken
    Einſam heimwärts am Wanderſtab.

(Er hält einen Augenblick inne. Mieze nickt, langſam und müde.)

Robert. (fortfahrend:)
    Alle die Müden
    Treibet die ewige Sehnſucht fort,
    Bis zu dem himmliſchen Frieden
    An Deiner Kirche begnadetem Ort.

Die sonst so Muthigen
Treten mit Zagen ein,
Hin zu dem blutigen
Schmerzensbilde von Marmelstein.

Mieze (nach einer kleinen Weile.) Bist Du böse?

Robert. Nein.

Mieze. Du kennst gewiß viel schönere — viel schönere Lieder —. Ach, du weißt soviel —. Wenn ich doch auch soviel wüßte —! Wenn ich doch auch —! Aber ich bin so dumm geblieben — Du kannst garnichts mit mir sprechen — und ich hätte doch soviel von Dir lernen wollen — so sehr viel —.

Robert. Ruhig, ruhig Lieb.

Mieze. Gieb mir Deine Hand — ja — habe mich lieb —.

(Er legt seine Hand leise in die ihrige.)

Robert. Ja Du, ich habe Dich lieb.

Mieze. Siehst Du da die Wellen —? Sie kommen bis unter unsere Füße —.

Robert. Still — still —.

Mieze. Wenn ich doch auch — so viel lernen könnte —!

Robert. Still, still —.

Mieze. Du weißt soviel — und ich — bin so dumm — geblieben. O, die Wellen —!

(sie sinkt zurück. **Robert** sucht sie behutsam aufzurichten. Indem kommt **Meinert** und springt herzu.)

Meinert. S'is ut. Dat oll' arm' Worm!

(sie tragen die Leblose in's Haus.)

VIII Scene.

Paul kommt von links **Meinert** eilig aus dem Haus.

Paul. Wo ist Mieze — doch nichts passiert —?
Meinert. Stirbt. Ick hol' man den Paster —.
Paul. O du armes —!
Meinert. Der Herr Friese will, ick soll den Paster holen.

(ab.)

IX. Scene.

Robert tritt langsam aus der Thür. **Paul.**

Paul. Tot —?
Robert. Ja.
Paul. Sapperlot —! 's ist kaum zu denken —!
Robert (schweigt.)
Paul. Du hast nach dem Pastor geschickt —?
Robert. Ja.
Paul. Hm. Grade Du — aber Du hattest wohl Recht.
Robert. Sie ist gläubig gestorben. So glücklich — und so tapfer.
Paul (ihn beobachtend.) Du —?
Robert. Was —?
Paul. Hör' mal — ich hab' Dich im Verdacht, daß Du so was wie einen Mord vorhast —. Einen Mord an Deinen Ideen.
Robert. Ach —!

Paul (langsam). Es ist so merkwürdig —. Du hast zwei Weiber in Deinem Leben getroffen — Beide hätten sie Dich hinaufheben können, und Beide haben sie Dich hinuntergezogen.

Robert. Hinuntergezogen — als wenn ich so riesenhoch gestanden hätte —!

Paul. Siehst Du — wenn auch Du — unter die Beter gingest —!

Robert. Was wäre —?

Paul. Was wäre —? Ach, thu, was Du willst. Meinetwegen! Meinetwegen!

X. Scene.

Meinert und der **Pastor** von links. **Robert. Paul.**

Pastor. Sie ist tot —?

Robert. Ja.

Pastor. Hm, früher als man denken konnte. So was —! (schon zum Hause gewandt) Haben Sie sich's schon überlegt, ob Sie hierbleiben —?

Robert. Ja.

Pastor. Sie wollen bleiben —?

Robert. Ich will bleiben.

(Das Sterbeglöcklein beginnt zu läuten.)

Paul (kopfschüttelnd.) O Du Phantast!